Iš Šiaurės Jeruzalės
Šiuolaikinių lietuvių poetų eilėraščių rinktinė

Aus dem Jerusalem
des Nordens
Eine Anthologie zeitgenössischer litauischer Lyrik

מבחר שירה ליטאית עכשווית
מירושלים של הצפון

Herausgegeben von: Indrė Valantinaitė
Übersetzungen ins Deutsche: Cornelius Hell
Übersetzungen ins Hebräische: Sivan Beskin

Das Gedicht »Obuliai ir apelsinai« von Rimas Uzgiris wurde aus dem englischen Original »Apples and Oranges« von Thomas Michael Glaw ins Deutsche übersetzt.

Die Publikation wurde teilweise
vom Litauischen Kulturinstitut finanziert.

Die Arbeit des Übersetzers ins Deutsche wurde mit einem
Arbeitsstipendium der Stadt Wien gefördert.

Bibliografische Information der Deutschen Nationalbibliothek:
Die Deutsche Nationalbibliothek verzeichnet diese Publikation in der
Deutschen Nationalbibliografie; detaillierte bibliografische Daten sind im
Internet über http://dnb.dnd.de abrufbar

1. Auflage
Mediathoughts Verlag - Dr. Glaw + Lubahn GbR
Bergstr. 12 | 82024 Taufkirchen | Germany | team@mediathoughts.net
Copyright 2025 Mediathoughts Verlag - Dr. Glaw + Lubahn GbR
Umschlaggestaltung Florian L. Arnold
Druck und Bindung: Totem
Printed in Poland

ISBN: 978-3-947724-55-0

Das Buch wurde auf FSC-zertifiziertem Papier gedruckt.

Denn schon erschaffe ich einen neuen Himmel / und eine neue Erde. Man wird nicht mehr an das Frühere denken, / es kommt niemand mehr in den Sinn.

Nein, ihr sollt euch ohne Ende freuen und jubeln / über das, was ich erschaffe. Denn ich mache aus Jerusalem Jubel / und aus seinen Einwohnern Freude.

Ich will über Jerusalem jubeln / und mich freuen über mein Volk. Nie mehr hört man dort lautes Weinen / und lautes Klagen.

Dort gibt es keinen Säugling mehr, / der nur wenige Tage lebt, und keinen Greis, / der nicht das volle Alter erreicht; wer als Hundertjähriger stirbt, / gilt noch als jung, / und wer nicht hundert Jahre alt wird, / gilt als verflucht.

Jesaja 65, 17–21
Deutsche Einheitsübersetzung

Štai ką sako Viešpats: „Štai aš sutversiu naują dangų ir naują žemę. Tada nebebus galvojama apie tai, kas buvo anksčiau, ir to niekada nebebus prisimenama. Užtat jūs džiaugsitės ir amžiais džiūgausite tuo, ką sutversiu.

Jeruzalę paversiu į džiaugsmo miestą, ir jos gyventojus – į džiaugsmo tautą. Aš pats džiūgausiu dėlei Jeruzalės ir džiaugsiuos savąja tauta. Ten niekad daugiau nebebus girdėti verksmo ir dejonės.

Tenai neatsiras tokio kūdikio, kuris tik nedaugel dienų tegyventų. Nebus ten senelio, kuris nesulauktų giliausios senatvės. Kas mirtų kaip šimtametis, bus tebelaikomas jaunu; kas šimto metų dar nesulauktų, bus laikomas prakeiktu. Jie statysis namus ir gyvens juose, sodins vynuogynus ir naudosis jų vaisiais."

Iš pranašo Izaijo knygos 65, 17–21
vertė Antanas Dambrauskas

יז כִּי-הִנְנִי בוֹרֵא שָׁמַיִם חֲדָשִׁים, וָאָרֶץ חֲדָשָׁה; וְלֹא תִזָּכַרְנָה הָרִאשֹׁנוֹת, וְלֹא תַעֲלֶינָה עַל-

לֵב. יח כִּי-אִם-שִׂישׂוּ וְגִילוּ עֲדֵי-עַד, אֲשֶׁר אֲנִי בוֹרֵא: כִּי הִנְנִי בוֹרֵא אֶת-יְרוּשָׁלִַם גִּילָה,

וְעַמָּהּ מָשׂוֹשׂ. יט וְגַלְתִּי בִירוּשָׁלִַם, וְשַׂשְׂתִּי בְעַמִּי; וְלֹא-יִשָּׁמַע בָּהּ עוֹד, קוֹל בְּכִי וְקוֹל

זְעָקָה. כ לֹא-יִהְיֶה מִשָּׁם עוֹד, עוּל יָמִים וְזָקֵן, אֲשֶׁר לֹא-יְמַלֵּא, אֶת-יָמָיו: כִּי הַנַּעַר, בֶּן-מֵאָה

שָׁנָה יָמוּת, וְהַחוֹטֶא, בֶּן-מֵאָה שָׁנָה יְקֻלָּל. כא וּבָנוּ בָתִּים, וְיָשָׁבוּ; וְנָטְעוּ כְרָמִים, וְאָכְלוּ

פ. רִיסָ.

ישעיהו ס"ה, י"ז - כ"א

Giedrė Kazlauskaitė
Gespräch mit dem Gaon von Vilnius

Jeden Tag überlege ich, was ich in der Zeitung bringen soll,
wenn es zur Technologiekrise kommt und die Netze
    zusammenbrechen;
wenn die Jugend, wie immer, nicht schreiben kann,
wenn die Poesie vermutlich ausstirbt,
wenn sich die Muttersprache, zum Entsetzen der Päda-
    gogen, an Englisch oder Chinesisch assimiliert;
wenn niemand übrigbleibt, der mit der Hand zeichnet
    (weil vielleicht auch keine Hände übrigbleiben),
wenn niemand mehr gedruckte Bücher oder Zeitschriften
    liest –
ich befürchte, es werden keine Bäume mehr wachsen.

Du, Gaon von Vilnius, hast gesagt,
wegen eines jeden leeren Wortes
wird man vom Anbeginn der Welt bis zu ihrem Ende
    zu leiden haben.
So ist es auch gekommen, jeden Tag stechen sie unter
    die Nägel
mit glühenden Nadeln; in der Metzgergasse,
die wehklagt mit den Stimmen jüdischer Kinder,
dort, wo sich jetzt unsere Redaktion befindet, wurden
einst vermutlich gut gewetzte Messer geschwungen.

Sie schlagen noch immer mit Worten zu. Athen des
    Nordens
(so heißt die Zeitung) wird unsere Stadt genannt,
in der wir mit Identitäten wie mit Schilden
eindreschen aufeinander, anstatt zu zeigen,
was auf deren Rückseite ist – Identitäten.

Jeden Tag überlege ich, was ich in der Zeitung bringen soll
unter dem Emblem der Akropolis (oder vielleicht der
    Kathedrale?);
sind die Straßen noch immer geteilt und getrennt,
brächte es jemand fertig, in mir, einem Fremdkörper,
das Ghetto zu zerstören? Nein, wenn wir schon in den
    Lagern der Agora
und des Ghettos ringen, wird es das Athen des Nordens
nicht so leicht haben gegen das Jerusalem des Nordens.

Du, Gaon von Vilnius, hast gesagt, Leidenschaften
soll man nicht unterdrücken, sondern veredeln.
Aber was soll man tun, wenn keine Bäume mehr wachsen?
Wenn die Poesie ausstirbt?
Wenn die Jugend noch immer nicht schreiben kann
und die Sprache der Mythen sich an die Kabbala assimiliert?

Wenn Steine mit Händen herausgerissen werden
aus dem Straßenpflaster und hineingeworfen
in den Fluss von Babylon.

Antworte mir, die sich bekreuzigt vor dem Stadttor,
das die Deinen als Säulen der Schande bezeichnen.

Giedrė Kazlauskaitė
Pokalbis su Vilniaus Gaonu

Kiekvieną dieną galvoju, ką dėsiu į laikraštį,
kai įvyks technologinė krizė ir tinklai sprogs vienas nuo kito;
kai jaunimas, kaip visad, nemokės rašyti,
kai poezija tariamai išnyks,
kai gimtoji kalba, pedagogų siaubui, asimiliuosis su
anglų ar kinų;
kai nebeliks piešiančiųjų ranka (nes galbūt neliks ir rankų),
kai niekas nebeskaitys popierinių knygų nei laikraščių -
gąsdina, nebeaugs medžiai.

Tu, Vilniaus Gaone, sakei,
dėl kiekvieno tuščio žodžio
teks kentėti nuo pasaulio pradžios iki galo.
Taip ir įvyko, kiekvieną dieną jie panages bado
įkaitintom adatom; Mėsinių gatvėje,
kuri aimanuoja žydų vaikų balsais,
ten, kur dabar mūsų redakcija, kadaise
veikiausiai švytravo gerai išgaląsti peiliai.

Jie tebesmogia žodžiais. Šiaurės Atėnais
(taip vadinasi laikraštis) pravardžiuojamas mūsų miestas,
kuriame tapatybėmis lyg skydais
daužome vieni kitus, užuot parodę
kas anapus jos – tapatybės.

Kiekvieną dieną galvoju, ką dėsiu į laikraštį
po Akropolio (o gal Arkikatedros?) emblema;
ar gatvės vis dar suskirstytos ir atidalintos,
ar kas nors įstengtų manyje, svetimkūnėje,
sunaikinti getą? Ne, jeigu jau grumiamės Agoros
ir geto stovyklose, ne taip paprasta bus
Šiaurės Atėnams prieš Šiaurės Jeruzalę.

Tu, Vilniaus Gaone, sakei, aistras reikia
ne užgniaužti, o sukilninti.
Tačiau ką daryti, jei nebeaugs medžiai?
Jeigu poezija išnyks?..
Kai jaunimas vis dar nemokės rašyti,
o mitų kalba asimiliuosis su Kabala?

Kai akmenys rankomis bus išlupti
iš gatvės grindinio ir sumėtyti
į Babilono upę.

Atsakyk man, besižegnojančiai ties miesto vartais,
kuriuos tavieji vadino gėdos stulpais.

גיידרה קזלאוסקייטה
שיחה עם הגאון מווילנה

כל יום אני חושבת, מה אכניס לעיתון,
כשיתרחש משבר טכנולוגי, והרשתות יתפקעו;
כשהנוער, כמו מאז ומעולם, לא ילמד לכתוב,
כשהשירה, כמו שאומרים, תיעלם,
כששפת האם, לאימת המורים, תתמזג באנגלית או בסינית;
כשלא תישאר אף יד מציירת (אולי בכלל לא תישאר אף יד);
כשאיש לא יקרא ספרי נייר וגם לא עיתונים -
חוששתני, שלא יגדלו עוד עצים.

אתה, הגאון מווילנה, אמרת
שעל כל דיבור הבל
צריך להתקלע מסוף העולם ועד סופו.
וכך קרה, כל יום, תוקעים מחטים לוהטות
מתחת לציפורניים; ברחוב האיטלקי,
שמקונן בקולות של ילדים יהודים,
שם, היכן ששוכנת כעת המערכת של עיתוננו, שם פעם,
קרוב לוודאי, זהרו סכינים מחודדות לעילא.

הם מכים בנו במילים. אתונה של הצפון
(כך נקרא עיתונג) הוא כינויה של עירנו,
שבה אנחנו מכים אלה באלה בזהויות,
כאילו היו מגנים, במקום להראות
מה בצד השני – זהויות.

כל יום אני חושבת, מה אכניס לעיתון
אחרי הסמל של אקרופוליס (או שמא הקתדרלה?);
האם הרחובות עודם מחולקים ופרוסים,

האם משהו בתוכי, גוף זר, היה מסוגל
למחוק את הגטו? לא, גם אם ניאבק באגורה
ובצריפי הגטו, לא יהיה כה פשוט
לאתונה של הצפון מול ירושלים של הצפון.

אתה, הגאון מווילנה, אמרת שאת היצר צריך
לא לדכא, כי אם לעדן.
אבל מה נעשה, אם לא יגדלו עצים?
אם השירה תיעלם?..
כשהנוער בכל זאת לא ילמד לכתוב,
ושפת המיתוסים תתמזג עם הקבלה?

כשאבנים יתלשו בידיים
מריצוף הרחוב, ויושלכו
לנהרות בבל.

ענה לי, שמצטלבת מול שערי העיר,
שעמך קרא להם עמודי הקלון.

17

Sigitas Parulskis
Sonntag in der Markthalle

*Als ich an jenem Tag – mir scheint, es war Anfang Oktober –
mit meinen Einkäufen zurückkam vom Markt, spürte ich, dass
meine Last um einiges schwerer war, als
sie sein sollte*

Der Markt in Vilnius.
Der Geist eines bärtigen Juden
wiegt unsere Erinnerung ab.

Sigitas Parulskis
sekmadienis Halės turguje

Kai tą dieną, - regis, buvo spalio pradžia, -
su pirkiniais grįžau iš turgaus, jaučiau, kad
mano nešulys gerokai sunkesnis, nei
turėtų būti

Turgus Vilniuje.
Barzdoto žydo vėlė
Atmintį sveria.

סיגיטאס פארולסקיס
יום ראשון בשוק האלֶה

כשבאותו יום – נדמה לי שהיתה תחילת אוקטובר -
חזרתי עם הקניות מהשוק, הרגשתי שהמשא שלי נעשה
כבד למדי, כבד מכפי שהיה
אמור להיות

שוק בווילנה.
צלו של יהודי מזוקן
שוקל זיכרון.

Vaiva Grainytė
Wandel der Territorien

Von Zeit zu Zeit gehe ich ein Schampon kaufen
in ein Spezialgeschäft, voller
Kosmetika mit Extrakten aus dem Toten Meer.
Das Kosmetiklager hat sich auf dem Territorium des
    ehemaligen Ghettos eingerichtet,
wo Geiger, Anfänger der psychologischen Wissenschaft,
Linguisten und Sportler
Tagebücher schrieben
und in Kartoffelsäcken heimlich ihre Babys trugen
in der Hoffnung,
es würde ihnen gelingen, sich jenseits der Mauer anzu-
    siedeln,
sich einzuleben.

Das Extrakt aus dem Toten Meer wird entsteigen
all diesen Fläschchen, Seifen und Creme-Döschen
und das ganze Lager überfluten,
das Territorium überschwemmen,
es der Geschichte heimzahlen und dem unpassenden
    Spitznamen – das Tote.
Auf dem Boden werden sich Krabben vermehren
und Muscheln wachsen, die Perlen reifen lassen,
schöne Fische und ihre Kinder werden sie mit ihren
    Mäulchen schieben –

sie werden ein Ballspiel, Billard, Basketball und Fußball
 spielen …
Ein Geschnatter, grünen werden
dichte Pflanzen.
So wird das Meer voller Leben, Frieden und Freude sein.

Dort, wo ich einst herumgegangen sein und eingekauft
 haben werde:
Eine, die Zeit und Geld investiert hat in gesundes Haar.

Vaiva Grainytė
Teritorijų permainos

Periodiškai einu pirkti šampūno
į specialią parduotuvę, pilną
kosmetikos su Negyvosios jūros ekstraktu.
Kosmetikos sandėlis įsikūręs buvusioje geto teritorijoje,
kur smuikininkai, psichologijos mokslo pradininkai,
lingvistai, sportininkai
rašė dienoraščius,
bulvių maišuose slapta transportavo savo kūdikius,
vildamiesi,
kad kitapus sienos jiems pavyks įsikurti,
įgyti gyvenimą.

Negyvosios jūros ekstraktas išlips iš tų
visų buteliukų, muiliukų, kremų indelių
ir nušluos visą sandėlį,
užlies teritoriją,
atsiteis už istoriją ir nevykusią pravardę – Negyvoji.
Dugne ims veistis krabai,
augti perlus nokinančios kriauklės,
juos snukučiais stumdys gražuolės žuvys ir jų vaikai –
žais kvadratą, biliardą, krepšinį, futbolą...
Klegės, žaliuos
vešlūs augalai.
Tai bus gyvybės, taikos ir džiaugsmo kupina jūra.

Ten, kur kadaise būsiu vaikščiojusi ir apsipirkinėjusi aš:
į savo plaukų sveikatą laiką ir pinigus investavusioji.

וִיוָונָה גְרַיְינִיטָה
חילופי שטחים

מפעם לפעם אני הולכת לקנות שמפו
בחנות מתמחה, מלאה
בתמרוקים מתמצית המינרלים של ים המלח, של ים המוות.
מחסן התמרוקים הוקם בשטחו של הגטו לשעבר,
שם כנרים, מייסדי מדע הפסיכולוגיה,
בלשנים, ספורטאים
כתבו יומנים,
הבריחו את תינוקותיהם בשקים של תפוחי אדמה,
בתקווה
שבצד השני של החומה יתמזל מזלם
לזכות בחיים.

תמצית ים המוות תישפך מכל
אותם בקבוקונים, סבונים, מיכלונים של קרם
ותשטוף את המחסן כולו,
תציף את השטח,
תסגור חשבון עם ההיסטוריה ועם הכינוי ביש המזל "ים המוות".
בקרקעית הים יתרבו סרטנים,
צדפות שבתוכן יבשילו פנינים,
יצמידו פרצופים דגים יפיפיים ובניהם -
ישחקו מחניים, ביליארד, כדורסל, כדורגל ...
ירשרשו צמחים
מפוארים ירוקים.
יהיה זה ים מלא בחיים, בשמחה, בשלום.

שם, היכן שאי פעם הסתובבתי ועשיתי קניות:
השקעתי זמן וכסף בבריאות שיערי.

Kęstutis Navakas
Der Schrei

juden so kommt doch alle herbei jetzt
    denn wir haben in fülle zu essen
friedlich leben wir und bescheiden
    davon können wir euch auch was geben

sara hat mengen von latkes gebacken
    chaim richtet dieses und jenes zu trinken
fiedler haben wir ganz begabte
    töchter soeben frisch ausstaffierte

hakel der alte auch kommen könnte
    um ein gutes leben zu sehen
da sind genug klarinetten und flöten
    sara ein jiddisches lied für uns sänge

hanukkah unser fest ist jetzt wieder
    irrst du herum so leuchtet es bunter
kommt alle her und lasst euch hier nieder
    kommt doch nur her. doch wo seid ihr denn? JUDEN!!

Kęstutis Navakas
riksmas

žydai greitai visi ateikit
    nes mes turime valgių gausiai
mes gyvenam kukliai ir taikiai
    to kuklumo taikos ir gausit

sara latkių apsčiai prikepus
    chaimas gert šį bei tą paruošęs
o ir fidleriai mūsų gabūs
    o ir dukros mūs štai jau puošias

senas chackelis gal ateitų
    pažiūrėt kaip gyventi gera
mums pakaktų klarnetų fleitų
    yidish lid padainuotų sara

juk tai chanuka mūsų šventė
    ji tau švies jei kely paklydai
tad ateikite pagyventi
    tik ateikit. bet kur jūs? ŽYDAI!!

קֶסטוּטיס נאוואקאס
זעקה

יהודים מהרו בואו הנה
יש אצלנו מזון בשפע
שקט כאן ושלווה אצלנו
תקבלו כאן שלווה ושקט

שרה שפע לאטקעס הרימה
חיים כבר מוכן ל"לחיים"
והפידלרים מוכשרים פה
הבנות התקשטו כפליים

שיבוא הזקן הזה פינקוס
שיראה מה טובים חיינו
קלרינט וחליל יספיקו
יידיש ליד תשיר לנו שיינע

חנוכה הוא חג אורותינו
לאובדים בדרך לפיד הוא
רק תחיו ותבואו הנה
רק תהיו. אך היכן אתם? ייִדן!!!

Sigitas Parulskis
Die Bibliothek

> *"plötzlich öffnen sich die Regale und ein Junge tritt ein ..."*
> Kornelijus Platelis

Ich saß im Lesesaal der Bibliothek, im großen Saal
An einem riesigen Tisch, mutterseelenallein, der
Pokal meines Schädels war übervoll vom
Wein einer hundert Jahre zurückgehaltenen
Information, ich war beschwipst und es schien, als wären
davon sogar die langen Schatten
beschwipst, die herunterfielen von den Lehnen
der Stühle

Später, schon gegen Abend, trat ein nie zuvor gesehener
schwarz gekleideter Mann an mich heran
und sagte, er sei ein Händler, und ließ ein Rollen hören,
als würde in seiner Kehle beim Aussprechen des Buch-
    stabens »r« ein kleines Schräubchen umspringen

Er bot mir eine Uhr zum Kauf an, hergestellt 1908,
    mein Herr, sagte
der Mann, Sie werden es nicht bereuen,
vergoldete „Solo"-Taschenuhren mit einer Kette sind
die allerbeste
Wahl in diesen Zeiten, jede Ihrer Minuten wird Goldes

wert sein, und auch ich, mein Herr – als er diese
Worte mit männlicher Stimme sprach
war eine pathetische Schattierung zu vernehmen – werde
etwas zu erinnern haben, als ich
im Jahr 1943, ein in die Jahre gekommener
Vater dreier Kinder, nackt und ohne
irgendeine Tasche
für eine Taschenuhr, hineingestoßen werde
in die Gaskammer.

Sigitas Parulskis
Biblioteka

> *„staiga atsiveria lentynos ir įeina berniukas..."*
> Kornelijus P.

Sėdėjau bibliotekos skaitykloj, didelėj salėj
Prie milžiniško stalo, visiškai vienas, mano
kaukolės taurė buvo sklidina
šimtą metų išlaikyto informacijos
vyno, svaigau ir atrodė, nuo
to svaigsta netgi ilgi
šešėliai, krentantys nuo kėdžių
atkalčių

Vėliau, jau į pavakarę prie manęs priėjo niekad
anksčiau nematytas vyras juodais drabužiais
pasisakė esąs prekiautojas, truputį greblavo
tarsi jo gerklėje tariant raidę „r" peršoktų mažas sraigtelis

Siūlė pirkti laikrodį, 1908 metų gamybos, pone, sakė
vyras, nesigailėsit
„Solo" kišeniniai paauksuoti laikrodžiai su grandinėle –
pats geriausias
šių metų pasirinkimas, kiekviena jūsų minutė bus aukso
vertės, o ir aš, pone, - tariant
šiuos žodžius vyriškio balse

pasigirdo patetiškos gaidelės, - turėsiu
ką atsiminti, kai
1943 metais mane, pagyvenusį
trijų vaikų tėvą, nuogą, be
jokios kišenėlės
kišeniniam laikrodžiui, varys
į dujų kamerą

סיגיטאס פארולסקיס

ספריה

לפתע המדפים נפערו, ונכנס ילד...
קורנליוס פלאטליס

ישבתי באולם הקריאה הגדול שבספריה,
ליד שולחן ענק, לגמרי לבד, וגביע
הגולגולת שלי היה מלא
ביין-מידע שהתיישן במשך מאה שנה,
הסתחררתי, ולכן היה לי נדמה
כי אפילו הצללים הנופלים
ממשענות הכסאות
מסתחררים איתי

מאוחר יותר, לפנות ערב, ניגש אלי גבר שמעולם
לא ראיתי קודם, לבוש שחורים,
אמר שהוא איש מכירות, ברי"ש גרונית,
כאילו היא הקפיצה בורג קטן בגרונו.

מציע לך לקנות שעון, שנת ייצור 1908 , אדוני, אמר הגבר, לא תצטער,
שעון כיס »סולו« מוזהב עם שרשרת,
הבחירה הכי
טובה של אותה שנה, כל דקה שלך
תהיה שווה את משקלה בזהב, וגם לי, אדוני – כשאמר
את המילים הללו, קולו של האיש
התעופף אל על כתרנגול מלא פאתוס -
יהיה משהו לזכור, כשבשנת
אותי, אב בא בימים לשלושה, עירום, ללא 1943

שום כיס
לשעון כיס, יובילו

לתא הגזים

Kornelijus Platelis
Die Mannschaft des Golems

Hinter Gittern eine bedrohliche Freiheit,
beschränkende Grenzen, und auf dieser Seite
der Rippengitter, der Hülle mit einer erregenden
Fettschicht, das Bild irgendeines
Herrschers an der Fassade (wulstige Lippen,
ein herabhängendes Unterkinn, Tränensäcke unter den
    Augen)
wir, Gefangene unserer unförmigen Körper,
Rekruten einer anderen Welt: ein alternder
Senator, ein rechtschaffener Bauer, ein abgefeimter
    Schurke,
ein Mönch, ein Komödiant und noch zwei weitere
schwerer erkennbare Personen; insgesamt, sagen wir,
sieben von ihnen oder von den Empfindungen,
die ein Begehren hervorbringen und eine ständige
    Verwirrung,
von Galeerensklaven, angeschmiedet, um die
Gelenke dieses riesigen Körpers zu bewegen...

Im Saal zwischen dem Rippengitter (dorthin
führen dunkle Gänge – das Auge der Vernunft kann
    nicht ausmachen,
dass sie gehen), Griffe, Hebel, Beweger,
an den Wänden hängen Masken,

mit einer von ihnen hast du dein formloses Gesicht bedeckt
und stehst deinem Bewusstsein gegenüber.
Du weißt nicht, wie du sie auswählst, du bemerkst nicht,
wie und wann du sie austauschst: Alles geschieht von selbst:
die Umgebung, die Schule, die Kultur, die Wirklichkeit,
    die Fertigkeiten…
Ein Name. Der Golem zuckt zusammen und erwacht,
langsam öffnet sich sein Mund,
lange kaut er schmatzend an etwas oder schluckt,
schließlich sagt er: „ich".

Kornelijus Platelis
Golemo įgula

Už grotų bauginanti laisvė,
ribojantys apibrėžtumai, o šiapus
šonkaulių narvo, apvalkalo su jaudinančiu
riebalų tarpsluoksniu, kažkokio valdovo
atvaizdu ant fasado (putlios lūpos,
nudribęs pagurklis, maišeliai po akimis)
mes, kaliniai savo beformių kūnų,
kito pasaulio šauktiniai: senstantis
senatorius, doras valstietis, suktas smuklininkas,
vienuolis, komediantas ir dar kokie du
sunkiau atpažįstami asmenys; viso, tarkim,
septynetas jų ar pojūčių,
gimdančių troškimus ir nuolatinę sumaištį,
galeros vergų, prirakintų judinti
šio milžino kūno sąnarius...

Salėj tarp šonkaulių grotų (į ją
tamsūs koridoriai veda – proto akis neįžvelgia
jais vaikštančių), rankenos, svirtys, judintojai,
ant sienų sukabinėtos kaukės,
viena kurių pridengęs beformį veidą
stoji prieš savo sąmonę.
Nežinai, kaip atsirenki jas, nepastebi,
kaip ir kada jas pasikeiti: viskas vyksta savaime:

aplinka, mokykla, kultūra, tikrovė, įgūdžiai...
Vardas. Golemas krūpteli ir pabunda,
iš lėto veriasi jo burna,
ilgai čiaumoja kažką bei ryja,
galiausiai pasako: „aš".

קוֹרנֵליוּס פלאטֵליס
חבורת הגולם

מאחורי הסורגים – החופש המבהיל,
הוודאות המגבילה, ואילו מהצד הזה
של כלוב הצלעות, של הקליפה עם הריפוד
השומני המרגש, עם הדיוקן
של איזה מלך בחזית (שפתיים שמנמנות,
סנטר כפול, ושקיות מתחת לעיניים) -
אנחנו, אסירים בתוך גופינו, נטולי צורה,
מגויסי עולם אחר: סנאטור מזדקן,
איכר הגון, פונדקאי רמאי,
נזיר שמתבודד, ליצן, עוד איזה שניים
שמסובך לזהותם; בסך הכל, נניח,
שבעה כאלה, או שבע תחושות,
שמולידות רק יצרים וגם בלבול תמידי,
עבדי סירות, האזוקים כדי להזיז
את מפרקי גוף הענק הזה...

ובאולם בינות לסורגי צלעות (לשם
יובילו מסדרונות כה חשוכים – עיניים תבוניות אינן
רואות את הפוסעים בהם) – שם ידיות, ומנופים, ומנועים,
על הקירות תלויות שם מסכות,
אחת מהן תסתיר פרצוף חסר צורה,
עומד בפני קול מצפונו.
אינך יודע איך בחרת בה, אינך שם לב
מתי, כיצד החלפת: הכל קורה כך מעצמו -
סביבה, בית ספר, ותרבות, ומציאות, וכישורים...
ושם. הגולם אז נרעד ומתעורר,
פיו לאיטו נפער,

והוא לועס דבר מה לאורך זמן, עד שבולע, ולבסוף אומר: "אני".

Rimas Uzgiris
Äpfel und Orangen

Ich schälte eine Orange
und die Sekretärin sagte
du solltest einen Apfel essen
der kommt von hier
und unsere Körper essen das nun mal viel lieber.

Der Apfel also gehört dazu
und die Orange nicht.

Na ja, so dachte ich, Jesus sprach in Gleichnissen,
und wir warten hier unter Kreuzen: wer ist wer?
Da bearbeitet Selman das Land
baut seine knorrigen Apfelbäume an
deren Stämme gegen Krankheiten weiß gestrichen sind.
Und Ahasver, der wandernde Jude
ist eine fremde Frucht, der die hiesigen Wurzeln fehlen.

Somit kann man ihren Ernährungshinweis
wie folgt zusammenfassen:
Lasst uns alle Orangen beiseite werfen
damit der Körper unseres Volkes
stark wird.

Na ja, ich sagte ihr: Das glaube ich nicht wirklich:
Vitamine sind Vitamine und Orangen haben viel davon
Und woher kommt dieser Apfelbaum?
Und die Kartoffel unser Nationalgericht,
sie aßen unsere alten Nationalhelden nie.
Denn ihre Wurzeln liegen bei den dunkelhäutigen Inkas.

Auch ich komm aus der neuen Welt,
trotz meiner nichtjüdischen litauischen Wurzeln.
Und dieser Apfelbaum, auch wenn veredelt
hat manche fremde Wurzel.

So bin ich doch Orange (und esse sie mit Freude)
erwandere Europa, erwandere die Welt,
ein wandernder Jude.
Der in seiner Torheit glaubt
dass die Große Synagoge von Vilnius
(wie eine Eiche aus ihren Wurzeln emporwachsend)
noch steht.

Rimas Uzgiris
Obuoliai ir apelsinai

Lupausi apelsiną ir fakulteto
sekretorė tarė:
geriau jau suvalgytum obuolį
jis vietinis
juk mūsų kūnai išsivystę valgyti vietinį maistą.

Taigi, obuolys čia priklauso
o štai apelsinas – ne.

Na gerai, pamaniau, kadangi Jėzus kalbėjo alegorijomis
o mes čia vaikštom kasdien po kryžiais: kas yra kas?
Yra Selmas: dirba žemę,
augina gumbuotas obelis,
kamienai nutepti baltai nuo kenkėjų...
Ir Ahasveras: klajojantis žydas,
užsienietiškas vaisius be gimtųjų šaknų...

Todėl jos mitybos patarimą
galima susumuoti taip:
„Atmeskime visus apelsinus,
kad mūsų tautos kūnas
augtų stiprus ir tvirtas".

Na, atsakiau jai, nesi teisi.
Vitaminai yra vitaminai, o apelsinuose jų apstu.
Be to, kokia tų obelų kilmė?
O bulvė, mūsų tautinis valgis,
yra visiems žinoma ir mūsų didvyriai jos niekad nevalgė.
Ji kilus iš tamsių, iš inkų šaknų.

Aš taip pat atvykau iš naujojo pasaulio,
nors ir ne žydiškos, lietuviškos kilmės.
Ir, įtariu, ta skiepyta obelis
turi svetimų bruožų.

Tad esu apelsinas (valgau piktdžiugiškai),
keliaujantis po Europą, klaidžiojantis po pasaulį,
klajojantis žydas,
vis dar kvailai įsivaizduojantis,
kad Didžioji Vilniaus sinagoga
(kylanti iš savo šaknų it senas ąžuolas)
tebestovi.

רימאס אוז'גיריס

תפוחים ותפוזים

קילפתי תפוז, ומזכירת
הפקולטה אמרה:
מוטב לך לאכול תפוח,
הוא מקומי,
והרי גופינו התפתחו לאכילת מזון מקומי.

לפיכך, התפוח שייך לכאן,
ואילו התפוז איננו שייך.

בסדר, חשבתי, אי אז ישוע דיבר במשלים,
ואנחנו מסתובבים פה עכשיו בצלם של צלבים: מיהו מי?
ישנו אנסלם: עובד אדמה,
מגדל עצי תפוח מחוספסים,
גזעיהם מרוחים בסיד לבן להרחקת מזיקים,
היהודי הנודד: ¹וישנו אחשוורוש,
פרי זר ללא שורשים מלידה.

לכן את עצתה התזונתית
אפשר לסכם בזאת:
"הבה נזרוק את כל התפוזים כולם,
כדי שגופנו הלאומי
יהיה חזק ואיתן."

---

1 אנסלם הקדוש והיהודי הנודד המכונה אחשוורוש מוזכרים בהקשר של הוכחת קיום האל על ידי עמנואל קאנט. – הערת המתרגמת.

לא, עניתי לה, אינך צודקת.
ויטמינים הם ויטמינים, ובתפוזים יש מהם שפע.
וחוץ מזה, מה מקורם של התפוחים?
או תפוחי האדמה, מזוננו הלאומי,
מוכרים לכול, וגיבורינו לא אכלו אותם מעולם.
הם נולדו משורשי האינקה כהי העור.

גם אני מגיע מהעולם החדש,
אם כי ממוצא ליטאי, לא יהודי.
ואני חושד שעל עץ התפוח הזה
הורכבו ענפים זרים.

אם כן, תפוח הנני (אוכל בחדווה),
נודד באירופה, מסתובב העולם,
היהודי הנודד,
ועוד מדמיין ברוב טיפשותו
שבית הכנסת הגדול של וילנה
(עולה משורשיו כמו עץ אלון עתיק)
עדיין עומד על תילו.

Laurynas Katkus
Lokales Durcheinander

Na und: Wenn es dunkelt, hebst du Gewichte, rasierst dich,
und in der Früh gehst du ein Bier trinken.
Na und: In der Küche quält sich eine Wanduhr,
der fast schon die Zeiger abfallen.

Durch die Stadt patrouillieren Kaufleute
mit von Erde beschmutzten Säcken auf ihren Köpfen.
Welcher Monat ist jetzt – April oder Oktober?
Stell keine dummen Fragen.

Auf der Straße der bittere Geruch von Machorka.
Eine Schwangere, eingehüllt in einen Morgenmantel,
blickt verwundert
auf die Fenster eines demolierten Hauses.

Bei der orthodoxen Kirche schwanken die kahlen
Köpfe der Rekruten. Ein paralysierter Kutscher
reckt sich und greift nach einem Stock.
Die Ungläubigen greifen an, verteidigen wir uns, Männer!

Irgendwas brauche ich: Brauche ich
Kartoffeln? Gemüse und Kartoffeln!
„Billiger als bei Joschke, doppelt so billig!"
„Wir nehmen Kopeken, Grivnas und gestanzte Münzen!"

Ich schüttle den Kopf. Nein, danke, ich brauche nichts.
Sie wissen ja nicht, dass ich gestern beim Heimkommen,
hinter dem Fluss weiß schimmernde Schollen
aus der letzten Eiszeit sah.

Laurynas Katkus
Vietinė painiava

Tai ką: sutemus kilnoji svarsčius, skutiesi barzdą,
o ryte išeini atsigerti alaus.
Tai ką: virtuvėje galuojasi sieninis laikrodis,
vos nulaikydamas rodykles.

Po miestą patruliuoja prekeiviai
su žemėtais maišais ant galvų.
Koks dabar mėnuo - balandis ar spalis?
Neužuavinėk kvailų klausimų.

Gatvėje - kartus machorkos kvapas.
Nėščioji, apsigaubusi chalatu,
nustebusi žiūri
į nugriauto namo langus.

Prie cerkvės svyruoja plikos
rekrūtų galvos. Paralyžiuotas vežikas
pasiražo ir griebia kuolą:
netikėliai puola, ginkimės, vyrai!

Kažkas man rėkia: Ar reikia
bulvių? Daržovių ir bulvių!
- Pigiau nei pas Joškę, pigiau du kartus!
- Imam kapeikas, grivnas, muštinius!

Purtau galvą. Ne, dėkui, nereikia.
Jie juk nežino, jog vakar, grįždamas namo,
už upės boluojant mačiau
paskutinio ledyno gūbrius.

לאורינאס קאטקוס

תערובת מקומית

אז מה: לפנות בוקר אתה מרים משקולות, מגלח את הזקן,
ובבוקר יוצא לשתות בירה.
אז מה: במטבח השעון הישן מתאמץ,
בקושי מחזיק את מחוגיו.

רוכלים מפטרלים ברחובות העיר,
על ראשיהם שקים בצבע האדמה.
איזה חודש עכשיו – אפריל או אוקטובר?
אל תשאל שאלות טיפשיות.

ברחובות – ריח מריר של טבק.
אשה הרה, עטופה בחלוק,
מציצה בפליאה
לתוך חלונות של בית חרב.

ליד הכנסיה מתנדנדים ראשים
מגולחים של מתגייסים. עגלון משותק
מתמתח ומנופף במקל:
זאת תקיפה לא הוגנת, נצא לקרב, גברים!

מישהו צורח לי: אתה צריך
תפוחי אדמה? ירקות ותפוחי אדמה!
"זול מאשר אצל יושק׳ה, פי שניים זול!"
"מקבל קופייקות, הריבנות, מטבעות עתיקים!"

אני מנער את ראשי. לא, תודה, לא צריך.
הרי הם אינם יודעים שבערב, בדרך הביתה,
ראיתי מאחורי הנהר המלבין
את רכסי הקרחון האחרון.

Jurgita Jasponytė
Schabbes

Der Weg meiner Urgroßmutter
in die Stadt Zarasai
um Gemüse zu verkaufen

(mein Weg in die Schule ist derselbe) –
von Šaltupė
auf dem Weg
bei einer Hüte verkaufenden
                  jüdischen Familie –
den Ofen heizen
das Essen kochen
am kalten Sabbat

nur solche Geschenke werden angenommen
am sechsten Tag

in der Sowjetzeit
war an diesem Ort
ein Geschäft mit abgesenktem Fußboden
und einer Tür an der Feder
das nach Erde und Salzlake roch

es verkaufte Gemüse.

Jurgita Jasponytė
Šabas

Prosenelės kelias
Zarasų miestan
parduoti daržovių

(tas pats mano kelias mokyklon) –
iš Šaltupės
pakeliui
pas prekiaujančią skrybėlėm
                žydų šeimą –
pečių užkurti
valgio išvirt
šaltoj subatoj

tik tokias dovanas priima
šeštąją dieną
sovietmečiu

vietoj šitoj
buvo krautuvė žemomis grindimis
durimis ant spyruoklės
kvepianti žemėm ir rasalu

prekiavo daržovėm.

יוּרְגִיטָה יָסְפּוֹנִיטָה

שבת

דרכה של סבתא רבתא
אל העיר זאראסיי
למכור ירקות

(זהה לדרכי אל בית הספר) -
מְשַׁלְטוּפֶּה
לעבור בדרך
אצל משפחה יהודית
של סוחרי כובעים -
להסיק תנור
לבשל מזון
לשבת קרה

רק כאלה מנחות מקבל
היום השישי

בימי הסובייטים
במקום הזה
היתה חנות עם רצפות נמוכות
דלתות על קפיצים
ריח של אדמה ודיו

שם מכרו ירקות.

Agnė Žagrakalytė
Imberlach

Ich bin dabei, eine sehr schlaue alte frau zu werden,
die marmelade rührt:
geriebene möhren, drei blutstropfen ungeduld, ein kilo
süße vom rohr:
ich lerne schon im voraus, sie zu sein, ich will übung haben:
seit gestern
sind die möhren und der glasige rohrzucker trüb geworden
    vor verlangen,
sofort aufs feuer gesetzt und
wie erforderlich
in der hitze verrührt zu werden:
nüsse, imber und eine geriebene orangenschale beimengen
sich nicht ängstigen vor der banalität der rosenblüten
weißen pfeffer – also
mit diesem imberlach werde ich
immer die prüfung jenes Litauen bestehen, wo wie
in einem zaubermärchen alle schön
zusammenleben und sich ihre hexereien teilen,
ich wünsche euch ausgiebige weihnachten,
Agnė

Agnė Žagrakalytė
Imberlach

labai gudria sena moterim, kuria štai ruošiuosi tapti
maišydama marmeladą:
tarkuotos morkos, trys nekantros kraujo lašai, kilogramas
švendrių saldybės:
mokaus ja būti iš anksto, noriu įgusti:
nuo vakar
morkos ir cukrašvendrių stiklas sutemę iš geismo būti
tuoj pat užkaisti ir
kaip reikiant
kaitroj išmaišyti:
dėt riešutų, imbiero, apelsinų žievelę nubrozdint
rožių žiedlapių banalybės nepabijoti
baltų pipirų – taigi
šituo imberlach aš laikysiu
amžinai anos Lietuvos egzaminą, kur kaip
pasakoj stebuklinėj visi gražiai
sugyvena ir raganystėm dalijas,
skalsių jums Kalėdų,
Agnė

אַגְנֶה ז׳אגראקקאליטֶה
אימבערלעך

אשה זקנה פיקחית מאוד, שאני מתכוננת פה להיות
בבחישת מרמלדה:
גזר מגורר, שלוש טיפות דם של חוסר סבלנות, קילוגרם
מתיקות קנה סוכר:
אני לומדת להיות היא, רוצה להיות מיומנת:
צנצנת הגזרים וקני הסוכר האפילה מרוב תשוקה להיות,
תיכף ומיד לרתוח,
וצריך לערבב היטב
על האש:
לשים אגוזים, זנגוויל, לתלוש קליפות תפוזים
לא לפחד מהבנאליות של עלי ורדים
פלפל לבן – אם כן,
אחשיב זאת לאימבערלעך
המבחן הנצחי של ליטא ההיא, שבה כמו
באגדה קסומה כולם חיים נפלא
ביחד וחולקים כישופים,
חג מולד שופע לך,
אגנה !

Lina Buivydaičiūtė
Menora

Die Erste: Mama hat diese kleinen Jüdinnen mit
Frikadellen gefüttert, danach,
auch jetzt, bewahren wir ihre Fingerringe auf.

Die Zweite: Von den Rachels lerne ich, um die Kinder
zu klagen,
damit die Gebärmuttern wieder von
Morulen blühen.

Die Dritte: Das Blut ist nicht in den Matzen, das Blut
fällt nicht auf die
Nachkommen – es ist in den Lippen,
wenn wir bekennen.

Die Vierte: Gaon von Vilnius, vor den Plakaten des
Ghetto-Theaters,
ich lerne auszuharren, o Herr, und wie ich
es lerne.

Die Fünfte: Ich lese dir vor?, Leah Goldberg, denn du
wusstest, wie
unser Warten nach Fichten riecht, auch
wenn es nie dazu kommen wird.

Die Sechste: Ruhig werden – von Freitag Sonnenuntergang bis
zum Samstagabend ernähre ich mich nicht von meinen Brüdern und Schwestern.

Die Siebte: Meine teure Freundin und ich legen nicht nur unsere
Zettelchen her – wir opfern unsere ganze Schwachheit.

Lina Buividavičiūtė
Menora

Pirma: - *Tas žydaites mama žąsų galkom maitino, paskui, ir dabar, mes saugom jų žiedus nuo rankų.*

Antra: Iš rachelių išmokstu apraudoti vaikus, kad vėl sužydėtų morulėmis įsčios.

Trečia: Kraujas ne macuose, kraujas – nekrinta ant ainių, jis – lūpose, kai išpažįstam.

Ketvirta: Vilniaus Gaone, prie geto teatro plakatų, išmokstu išbūti, Viešpatie, kaip išmokstu.

Penkta: Skaitau Tau, Leah Goldberg, nes žinojai, kaip kvepia pušim mūsų laukimas, net jei – niekados.

Šešta: Nutykti – nuo penktadienio saulėlydžio iki šeštadienio vakaro nesimaitinu savo broliais ir sesėmis.

Septinta: Mudvi su brangia drauge čia dedam ne tik raštelius – savo visą silpnumą aukojam.

לינה בּוּבִּידאבּיצ׳וּטֶה
מנורה

הלהבה הראשונה:	היהודיות הללו, אמן נתנה להן קציצות אוויר, ועכשיו אנחנו שומרים על טבעותיהן מאצבעותזרות.
השנייה:	אני לומדת מרחליות לבכות על ילדים, כדי שיפרחו מחדש בתותיות ברחם.
השלישית:	הדם לא במצוות, הדם אינו על ראש ילדינו, הוא על השפתיים אז, בשעת וידוי.
הרביעית:	הגאון מווילנה, לפני פוסטר תיאטרון הגטו, אני לומדת לשרוד, אלוהים, איך אני לומדת.
החמישית:	אני קוראת לך, לאה גולדברג, הרי את יודעת איך ההמתנה שלנו מריחה מאורנים, גם אם זו המתנה לעולם לא.
השישית:	הס – מהשקיעה של יום שישי ועד שבת בערב איני אוכלת את אחיי ואחיותיי.
השביעית:	יחד עם חברתי היקרה מניחות כאן לא רק את הפתקים – כל חולשתנו אנו מקריבות.

Mindaugas Kvietkauskas
Rosch Haschana

Diese Zeit hätte sein können die Frucht unsrer hellen Dunkelheit
mit tausend Samen. Komm doch her, hab ich gesagt, ich biege dir
den Zweig des Baums herunter, damit das Pflücken leichter fällt.

Doch du hast kaum hineingebissen, nur gekostet wie mit einer Schlangenzunge,
nicht mit Lippen und mit Zähnen. Beinahe unsichtbar.
Und nichts geschah.

Gemäß den Kabbalisten hat Eva so die Frucht der Erkenntnis gekostet.
Sie biss nur so tief in die Schale, dass sie den Duft zu spüren bekam – und nichts geschah,
nur ihre eigene Haut roch dann nach Apfel.

Da flüsterte die Schlange ihr zu: von diesem Baum hat Gott gegessen,
um die Welt zu erschaffen. Beiß ab, dann erschaffst du eine neue.
Erst da biss sie richtig ab.

Und wenn sie sich, noch immer voll von flüssigem Honig, nicht von gestocktem Blut,
erschreckt hätte zwischen dem leichten Duft und dem Biss,
zwischen Liebkosung und Pflücken, Zustand und Schicksal?

Vielleicht bliebe sie durchsichtig, und erst wenn der Sommer ganz zur Neige geht
und es sie wieder in den Garten verschlägt, dann würde sie staunen, warum ein
vom Planetenregen übervoller Baum ins Dunkel fällt.

Diese Zeit war uns verboten, doch ist sie trotzdem reif geworden.
Ich berühre ihre herabhängende Frucht am letzten Tag bevor sie abfällt
in den Herbstschlamm bei der verfallenen Kirche.

Die Ruinen, in denen ich dich küsste,
sind schon einsturzgefährdet. In sie zurückzukehren ist jetzt
lebensgefährlich.

Mindaugas Kvietkauskas
Roš Hašana

Tie metai galėjo būt mūsų šviesotamsos vaisius
su tūkstančiu sėklų. Ateik, sakiau, palenksiu tau
medžio šaką, kad būtų lengviau nuskinti.

Bet tu vos prakandai, tarsi ragautum geluonimi,
ne lūpomis ir dantimis. Beveik nežymu.
Ir nieko neatsitiko.

Anot kabalistų, taip pažinimo vaisiaus ragavo Ieva.
Prakando žievelę tik tiek, kad užuostų kvapą – ir nieko,
tik obuoliais pakvipo jos pačios oda.

Tada žaltys pašnabždėjo: Dievas valgė nuo šito medžio,
kad sukurtų pasaulį. Atsikąsk, ir sukursi naują.
Tik tuomet ji išties atsikando.

O jei, vis dar skysto medaus, ne krešančio kraujo, pilna,
ji būtų pabūgusi tarp lengvo kvapo ir kąsnio,
glamonės ir raškymo, būsenos ir likimo?

Galbūt liktų permatoma, tik baigiantis tobulai vasarai
vėl atklydus į sodą nustebtų, kodėl planetų lietum
į tamsą byra pertekęs medis.

Uždrausti mums buvo tie metai, bet jie vis tiek noko.
Liečiu jų nusvirusį vaisių paskutinę dieną prieš nukrentant
į rudenio maurus prie apleistos bažnyčios.

Griuvėsiai, kuriuose tave bučiavau,
jau avarinės būklės. Sugrįžti į juos dabar –
pavojinga gyvybei.

מינדאוגאס קוויֵיטקאוסקאס

ראש השנה

אותן שנים יכלו להיות לפירות האורצל שלנו
עם אלף גרעינים. תבואי, אמרתי, ואכופף לך
ענף של עץ, כדי שיקל לקטוף.

אבל את רק נגסת, כאילו טעמת עם העוקץ,
ולא עם השפתיים והשיניים. באופן כמעט לא נראה.
ושום דבר לא קרה.

על פי המקובלים, כך חוה טעמה את פרי עץ הדעת.
נגסה קלות בקליפה, רק כדי להריח – וכלום,
רק עורה שלה הריח מתפוחים.

אז לחש הנחש: אלוהים אכל מן העץ הזה,
כדי לברוא את העולם. נגסי לך, ותבראי עוד אחד.
רק אז היא לעסה באמת.

ואם, עדיין מלאה בדבש ניגר, לא בדם קרוש,
היא נבהלה, בין הריח הקל לפיסת הפרי,
בין חמדה לתלישה, בין המצב לגורל?

אולי נותרה שקופה, ורק בסוף מושלם של הקיץ
שוב נקלעה לגן - להתפעל מדוע את גשם כוכבי הלכת
מגיר אל האפילה העץ השופע.

אותן שנים היו אסורות לנו, אבל הן מבשילות בכל זאת.
אני נוגע בפירותיהן הנושרים ביום האחרון לפני שיפלו
בבוץ הסתיו ליד כנסיות נטושות.

החורבות שבהן נישקתי אותך
כבר על סף התמוטטות. לשוב אליהן עכשיו -
סיכון חיי אדם.

Rolandas Rastauskas
Miss Auschwitz

Miss Auschwitz
Kam nicht zum Treffen
An der Grenze des Imperiums

An der des Abends Dias
Der Gemälde von Zurbarán leuchten

Miss Auschwitz
Ist im Café „Oper"
Sie verkauft hier Asche

Wir kreuzen die Knochen und sprechen
Über den rosafarbenen Doktor B.

Wir kreuzen
Kreuzen und kreuzen
Die Knochen die Namen und den Widerschein

Ein Knochen hat keine Hand
Und die Heimat ist nur Widerschein

Ein altes rumänisches Orchester spielt auf
Unsere getöteten Gesichter schauen zu

Rolandas Rastauskas
Miss Auschwitz

Miss Auschwitz
Neatėjo į pasimatymą
Prie Imperijos sienos
Ant kurios vakarais nušvinta
Surbarano paveikslų skaidrės

Miss Auschwitz
Kavinėje „Opera"
Pardavinėja pelenus

Mes kryžiuojam kaulus ir kalbam
Apie rožinį daktarą B.

Mes kryžiuojam
Kryžiuojam kryžiuojam
Kaulus vardus ir atspindžius

Kaulas neturi rankos
O tėvynė tik atspindys

Griežia senas rumunų orkestras
Žiūri žuvę mūsų veidai

רולאנדאס רסטאוסקאס
מיס אושוויץ

מיס אושוויץ
לא הגיעה לפגישה
ליד חומת האימפריה,
שעליה מוקרנות לעת ערב
שיקופיות של ציורי סורברן

מיס אושוויץ
בקפה "האופרה"
מוכרת אפר

אנו מצליבים עצמות ודנים
ברופא הוורוד בשם ב'

אנו מצליבים
מצליבים מצליבים
עצמות שמות הבזקים

לעצם אין יד
המולדת היא רק הבזק

תזמורת רומנית נושנה מנסרת
פנינו המתים מביטים

Tomas Venclova
Ghetto

Wir werden wiederkommen. Es ist still.
So viele Häuser. Einfach, wenn man will,
Gezählt, gewogen und zu leicht befunden.
Es ist das letzte Mal nun.
                    Treubruch unter
Den Seiten schimmert wie ein Stempel jetzt,
Fließt durch den gelben Spalt der Tür nach innen
Und färbt die Binde, tötet die Verbindung,
Die Tinte auch und zieht hinab das Netz.

Gedanken eines Kindes, Häuser sind schon leck,
Die Wasser sinken, Berge sind nicht echt.

Der Tod ist nicht, es kommt nicht zum Prozess.
Die Flamme und der Sand am Fenster lecken,
Hebräer gibt es nicht mehr, auch nicht Römer –
Am Fundament des allerletzten Rechts
Sind wir nur Lettern, Anmerkungen, Pläne.
Sind wir ein weißes Blatt Papier. Sind Asche.

Tomas Venclova
Ghetto

Mes čia sugrįšime. Pas mus tylu.
Tiek daug namų. Anglies paprastumu
Sutikrinta, pasverta, išdalyta.
Tai paskutinis laikas.
                      Išdavystė
Užantspauduoja puslapių stiklus,
Įplūsta pro geltoną durų plyšį,
Nudažo raištį, numarina ryšį
Ir rašalą, ir nusveria tinklus.

Ak, vaiko mintys, netvirti namai,
Nusekę vandens, netikri kalnai!

Nėra mirties, ir teismas neateis.
Liepsna ir smėlis laižo lango rėmą.
Nebe hebrajų, net ir ne romėnų –
Paskutiniosios teisės pamatais
Mes vien tik raidės, išnašos, planai.
Mes baltas popierius. Mes pelenai.

תומאס וֶנצלוֹבָה

גטו

אנחנו עוד נשוב. הכל נדם.
כל הבתים. ביושר של פחם
הכל מנא מנא תקל ופרסין. עתה
זו השעה האחרונה.
בגידה
חותמת את שמשות העיתונים,
נוזלת בצהוב תחת הדלת,
רושפת רפש, רשתות כובלת,
רוצחת קשר דם ודיו בפנים.

הו, מחשבות ילדות, בתים נוטים,
נחל אכזב והר לא אמיתי!

אין מוות, והצדק לא ישכון.
הלהבה עם חול חלון לוחכת.
משפט עברי או רומי לא מולך עוד -
כעת על פי החוק האחרון
איננו אלא אות, ניקוד, מקף.
אנחנו נייר לבן ואפר עף.

Ilzė Butkutė

Wiegenlied für die kleine Rachel. Notiz des Vaters (1943)

Musst die Puppen sammeln,
kleine Rachel,
und sie legen
in das Wäglein,
ihre Augen schließen,
allen ihre Ruhe geben.

Die Stadt
ist noch nicht wach jetzt.

Wir
werden rechtzeitig weg sein.

Niemand wird uns sehen.

Des Morgens
bleiche Robe,
getränkt von blauem Rauch
und dem Lecken
eines Hundes.

Wie eine Taube,
hingeduckt von oben,
dort,
weit weg,
ein Mensch.

Er schrie auf.

Und fiel
ins Gras.

Musst mich sammeln,
kleine Rachel,
aus den Dämmerungsfetzen,
aus den müden Echos.

Diesmal – diesmal ließ ich dich doch schlafen –

ich konnte dich, mein Kind, nicht wecken.

Du bist geblieben.
Geblieben bist
nur du.

Ilzė Butkutė
Lopšinė Rachelei. Tėčio raštelis (1943)

Susirink lėles,
Rachele,
suguldyk
į vežimaitį
ir užmerk
visoms akis.

Miestas
dar neatsikėlė.

Mes
dar spėsime išeiti.

Mūsų niekas nematys.

Ryto
blykštantis drabužis
prisigėręs melsvo ūko
ir lekavimo
šunies.

Lyg balandis
susigūžęs
ten,
toli,
žmogus.

Sušuko.

Ir parkrito
ant žolės.

Susirink mane,
Rachele,
iš apyaušrio skutelių,
iš pavargusių aidų.

Tąsyk – tąsyk nepakėliau –

tu likai miegot, vaikeli.
Tu likai.
Likai
tik tu.

אילזה בוטקוטה
שיר ערש לרחלי. פתק מאבא (1943)

אספי את הבובות,
רחלי,
השכיבי
אל העגלונת
ועצמי
להן עיניים.

העיירה
עוד לא הקיצה.

אנחנו
עוד נספיק לברוח.

איש אותנו לא יראה.

בגד
חיוורוני של בוקר
ספוג בערפילי התכלת,
בנשימתה
של הכלבה.

מכווץ
כמו צוצלת,
שם,
הרחק,
אדם.

הוא צעק.

והתמוטט
על עשב רך.

אנא, אספי אותי,
רחלי,
מפיסות פזורות של שחר,
מהדים שהתעייפו.

אז – אותך אז לא הערתי -

את נשארת לישון, ילדונת.

את נשארת.
נשארת
רק את.

Marius Burokas
Jüdischer Friedhof. Zarasai

die berberitzen brennen
zwischen den brotkanten der grabsteine
sie spucken mit schnee

Jüdischer Friedhof. Zarasai II

von zähnen der trauer
ist übersät
dieser wald

von brotkanten des todes
verschimmelt
der hügel

sie gleiten den hügel hinunter
gegen den wind des sees

dringen
durch die wildnis
der heckenrosen

- - - - - - - - - - -

schon sehen wir
sie

beschnitten

mit abgeschabtem moos

von den namen
von der erinnerung

Marius Burokas
Žydų kapai. Zarasai

raugerškiai dega
tarp antkapių žiauberių
sniegu spjaudosi

Žydų kapai. Zarasai II

gedulo dantim
užsėtas
tas miškas

mirties žiauberėm
sužiedėjus
kalva

slenka palinkę
prieš ežero vėją

braunasi
pro erškėtrožių
raizganas
- - - - - - - - - -

jau matom
juos

išgenėtus

nuluptom samanom

nuo vardų
nuo atminties

מָריוּס בּוּרוֹקאס
בית קברות יהודי. זאראסיי

בוערת הברברית
בין קליפות המצבות
יורקת שלג

בית קברות יהודי. זאראסיי 2

בשיני אבל
זרוע
היער ההוא

בקליפות מוות
פורחת
הגבעה

נע וכפוף
לרוח האגם

מתפרץ
לסבך
של ורדי הבר

כבר רואים
אותו

כרות-ענפים

תלוש-מוך

משמות
מזיכרון

Gytis Norvilas
///

in einen stein
tauchte ich meine zehen

kaum kaum
im jüdischen friedhof von Jonava

vielleicht gehen sie auf?

ich falte die hände
presse
zwischen den knieen
die sonne

und bemerke
wie ich sie fürchte
unter der steinernen
decke
die nach Jerusalems hering
duftende
frische
nacht

Gytis Norvilas
///

akmeny
pamirkiau pirštus

Jonavos vos vos
žydkapiuos

gal sudygs?

sudedu rankas
suspaudžiu
tarp kelių
saulę

ir stebiu
kaip bijau
po akmenine
antklode
Jeruzalės silke
kvepiančios
šviežios
nakties

גיטיס נורווילאס
///

באבן
טבלתי אצבעותיי

בִּיאָ יאָ יאָנאָואָ
באבן המצבה

אולי משהו ינבוט?

מכופף את ידיי
לופת
בין ברכיי
את השמש

ורואה
איך אני פוחד
מתחת לשמיכת
האבן
בניחוח דג מלוח ירושלמי
ולילה
רענן

Antanas A. Jonynas

DIE BERBERITZE spritzt das blut
der juden auf den abhang
den boden nagen raupen
hebräisch ist die schrift
ein lehrer wirft des nachts ein auge
sein neuer parker ist so gut
auf einen fehler den er bald dann
am nächsten tag vergessen wird
zum judenfriedhof glüht der abhang
gerötet von der berberitze blut

Antanas A. Jonynas

RAUGERŠKIS žydišku krauju
aptaško lygų šlaitą
šarvuočių vikšrai graužia dirvą
hebrajiškais rašmenimis
per naktį mokytojas dirba
ir savo parkeriu nauju
ištaiso pastebėtą klaidą
kurios rytoj neprisimins
ties žydkapiais pasviręs švyti šlaitas
raugerškio raudonuojančiu krauju

אנטאנאס א. יונינאס

הברבריות בדם יהודי
מרססת את המורד השטוח
זחלי נגמ"שים מכרסמים אדמה
באותיות עבריות
בלילות המורה עובד
ובעט פרקר חדש
מתקן את הטעות שמצא
שלמחרת לא יזכור
בבתי העולם ההם של היהודים
המורד זוהר, משופע,
בדם הברברית המאדים

Aidas Marčėnas
Nachhallende Synagogen

in meinen träumen
leere nachhallende synagogen – ein alter jude
bin ich dort,
                wo bronzenes licht
durch ein glasfenster fällt

aus einer wahreren welt
hierher,

                wo man mich ständig schilt als einen
                judenmörder

Aidas Marčėnas
Aidinčios sinagogos

mano sapnų
tuščios, aidinčios sinagogos – senas žydas
esu ten,
                     kur bronzinė krinta šviesa
pro vitražą

iš tikresnio pasaulio
čia link,

                     kur vis urpia, kad aš – žydšaudys

איידאס מַרְצֶ׳נאס
בתי הכנסת המהדהדים

בבתי הכנסת
הריקים, המהדהדים של חלומותיי – שם אני
יהודי זקן,
היכן שאור נופל בצבע ארד
דרך חלון הוויטראז'

מעולם אמיתי יותר
הנה,
היכן שכולם זועקים שאני – רוצח היהודים

Donaldas Kajokas
Jüdische Melodie

ein leichtes nebliges blatt
        schmerzlich schmerzlich
                fällt im ödland auf schnee
                fällt im ödland auf schnee
die geige versinkt

Donaldas Kajokas
Žydų melodija

lengvas ūkanotas lapas
        sopulingai sopulingai
                leidžias dykvietėj ant sniego
                leidžias dykvietėj ant sniego
nusileidžia smuikas

דונאלדאס קאיוקאס
מנגינה יהודית

עלה של ערפילים קליל
בייסורים בייסורים
נופל בשום מקום על שלג
נופל בשום מקום על שלג
כינור נושר

Violeta Palčinskaitė
Chagalls Ziege

Chagall der Greis lässt seine Ziege weiden
auf der Himmelsweide.
                      Dort über Wolken dicht
nach Ehre dürstet keiner,
nach Geld auch dürstet keiner,
die Reichen wie die Näher nimmer.
                      Es ist nur licht
im Raum, wo zwei Verliebte fliegen.
Das Schicksal flüstert ihnen eine leise Freude gern.
Und in kosmischer Glückseligkeit
                      da klatscht der Wind jetzt immer
an den Saum des Kleides,
                      entflammt von einem Stern.
Und transparent und nackt hier schwimmen Seelen,
ein Tag wie in der Kindheit –
                      lang wie einstens.
Und es reifen Knospen,
                      und es blühen Beeren
in der Provinz des Himmels,
                      wo die Ziege weidet.

Violeta Palčinskaitė
Šagalo ožka

Šagalas senis gano savo ožką
dangaus ganykloj.
                         Ten virš debesų
garbės netrokšta,
pinigų netrokšta
nei turčiai, nei siuvėjai.
                         Tik šviesu
erdvėj, kur skraido du įsimylėję.
Lemtis jiems tylų džiaugsmą pakuždės.
Ir kosminėj palaimoj
                         plaiksto vėjas
suknelės kraštą,
                         uždegtą žvaigždės.
Ir plaukia sielos, perregimai nuogos,
diena tarsi vaikystėje –
                       ilga.
Ir noksta pumpurai,
                       ir žydi uogos
dangaus provincijoj,
                       kur ganosi ožka.

ויולֶטָה פֶּלְצִ׳ינְסְקַייטֶה
העז של שאגאל

שאגאל השב רועה את עיזתו
באחו השמים.
שם מעל ענן
לא עשירה ולא תופרת לא חוטאות
בחשק לכבוד או כסף.
רק לאור הרענן
שבחלל, זוג אוהבים שם בתעופה,
וגורלם הוא לחש אושר מכושף.
וביקום המבורך
הרוח מניפה
שמלה אשר
זוהרת ככוכב.
הנשמות צפות, שקופות-עירום,
היום ארוך כמו בילדות
עזה.
תופחים הניצנים,
פורח תות אדום
שם, בפרובינצייַת שמים,
בה רועה עיזה.

Indrė Valantinaitė
Das Versteck

Dieses Jahr bin ich zum fünften Mal
in meinem Leben umgezogen.
In das Gebäude, das einem Kloster gehört,
daran ist eine Tafel angebracht
mit den Namen der Gerechten unter den Völkern.
Nicht wenige Juden wurden zwischen diesen Mauern
versteckt und gerettet.

Die Freunde sagten:
„O, hier ist es so ruhig, doch wieviel
Angst müssen diese Mauern aufgesogen haben!"

Ich antwortete ihnen:
„Doch wie stark quillt dieser Raum über vom Mut
und der Dankbarkeit des geretteten Lebens."

Gestern trank ich Tee
bei der Nachbarin, einer alten Frau.
In ihrem Schlafzimmer steht ein Schrank.
In diesem Schrank ist ein Spiegel.
Sein Eck ist geschwärzt
vom feuchten Atem eines Menschen.
Der Hoffnung einatmet und Angst ausatmet.
Von dem einen wie von dem anderen gleich viel.

Es konnte doch niemand wissen,
wie diese dunkle Geschichte ausgehen wird.

Mein Leben ist nicht in Gefahr.
Ich bin satt und gesund. Ich werde nicht verfolgt.
Auf den Straßen marschieren keine uniformierten
	Männer.

Nur die Liebe bebt tosend unter der Haut.
Ich atme Hoffnung ein und Angst aus.
Von beidem ist gleich viel in mir.

Indrė Valantinaitė
Slėptuvė

Šiemet persikrausčiau
penktą kartą savo gyvenime.
Į vienuolynui priklausiusį pastatą,
prie kurio pritvirtinta lentelė
su pasaulio tautų teisuolių vardais.
Ne vienas žydas tarp šių sienų
buvo paslėptas ir išgelbėtas.

Draugai sakė:
- O, čia taip ramu, bet kiekgi
baimės turėjo sugerti šios sienos!

Jiems atsakiau:
- Bet kiekgi ši erdvė drąsos pritvinko
ir išsaugotos gyvybės dėkingumo!

Vakar gėriau arbatą
pas senutėlę kaimynę.
Jos miegamajame spinta.
Toje spintoje veidrodis.
Pajuodavęs kraštelis jojo
nuo drėgmės žmogaus alsavimo.
Įkvepiant viltį ir iškvepiant baimę.
Vieno ir kito po lygiai.

Juk niekas negalėjo žinoti,
kaip baigsis tamsioji istorija.

Mano gyvybei grėsmės nėra.
Esu soti, sveika. Niekas nepersekioja.
Gatvėmis nemarširuoja uniformuoti vyrai.

Tik meilė srauniai virpčioja po oda.
Įkvepiu viltį ir iškvepiu baimę.
Abiejų manyje po lygiai.

אינדרֶה וַלַנטינַייטֶה
מסתור

השנה עברתי דירה
בפעם החמישית בחיי.
למבנה השייך למנזר.
לידו קבוע לוח קטן
עם שמות של חסידי אומות העולם.
בין הקירות הללו לא יהודי אחד ולא שניים
הסתתרו וניצלו.

חברים אמרו לי:
"אוי, איזו שלווה פה, אבל כמה
אימה ספגו הקירות הללו!"

עניתי להם:
"אבל כמה בחלל הזה אומץ,
כמה הודיה על שמירת החיים!"

אתמול הלכתי לשתות תה
אצל השכנה הקשישונת.
בחדר השינה שלה יש ארון.
בארון הזה יש ראי.
הפינה שלו השחירה וזה
מהלחות של הנשימות הכבדות של אדם
ששאף תקווה ונשף אימה,
זו וזו במידה שווה.
הרי אף אחד לא יכול היה לדעת,
איך הסיפור האפל הזה ייגמר.

אין כל סכנה לחיי.
אני שבעה, בריאה. אף אחד לא רודף אותי.
לא צועדים ברחובות גברים במדים.

רק אהבה מרעידה ביעף את העור.
אני שואפת תקווה ונושפת אימה.
זו וזו בתוכי במידה שווה.

Donaldas Kajokas

Du wirst das Lied nicht hinauswerfen aus den Worten

I

ein kind im baum, dieser baum ist versunken im
    schneehaufen bei einem einzelhof
dieser schneehaufen – oho! durch die zweige beginnt
    manna zu fallen, nur ein wenig
und wer ist dort vielleicht ist es Gott er kommt zurück
    noch ein augenblick und schon
sind wir gefährlich nahe
        wenn wir nicht zucken wenn wir den kopf
    nicht wenden
nicht einmal richtung jerusalem

II

straßenstaub an den schuhen salomos tor und die wüste
    dahinter
euer schlaf und erwachende vögel – das ist nur ein
    widerschein
so sprach er da und wir stellten die frage: und was denn
    rabbi ist wirklich?
ganz wirklich kann nur die hoffnung sein

Donaldas Kajokas
Dainos iš žodžių neišmesi

I

vaikas medy, tas medis įbridęs į vienkiemio pusnį
ta pusnis – ojojoj! pro šakas ima kristi mana, vos ne vos
o tenai kas gal Dievas jis grįžta dar mirksnis ir būsim
pavojingai arti
           jei nekrustelsim jei nepasuksim galvos
net jeruzalės pusėn

II

kelio dulkės ant kurpių saliamono vartai į dykrą
jūsų miegas ir bundantys paukščiai – tėra atspindys
taip tada jis kalbėjo ir mes jo paklausėm: o kas rabi tikra?
visiškai tikra tik viltis

דונאלדאס קאיוקאס
אי אפשר לזרוק שיר מתוך המילים

1

ילד בעץ, העץ הזה הסתבך בערימת השלג שבחצר
השלג ההוא – אבי! מָן עומד ליפול דרך הענפים, כמעט כמעט
ומה שם אולי אלוהים הוא חוזר עוד הרף עין נהיה
בקירבה מסוכנת
אם לא נזוז אם לא נסובב את הראש
אפילו לכיוון ירושלים

2

אבק דרכים על הנעליים שער שלמה אל הריק
שנתכם והציפורים המתעוררות – זו רק השתקפות
כך הוא דיבר אז ושאלנו אותו: ומה אמיתי, רבנו?
אמיתית לחלוטין היא התקווה לבדה

Egidija Šeputytė
Der Traum von Isaaks Mutter

ich liege unter dem weltenbaum
und horche auf
Dich König
im zittern der blätter

Egidija Šeputytė
Izaoko motinos sapnas

guliu po pasaulio medžiu
ir klausausi
Tavęs Karaliau
lapų virpėjime

אֲגִידיה שְׁפּוּטִיטֶה
חלומה של אם יצחק

שוכבת תחת עץ העולם
מאזינה
לך, מלכנו, ברעד העלים

Wenn ich dich je vergäße, Jerusalem des Nordens …

In jüdischen Quellen wird Vilnius traditionell als »Litauisches Jerusalem« (Yerushalayim de-Lita) bezeichnet, doch gelegentlich wird es auf symbolischer Ebene auch mit dem Norden in Verbindung gebracht, vor allem in poetischen Werken. So wird zum Beispiel in dem berühmten Poem »Vilnius« von Salman Schneur (1917), einem der ersten urbanistischen Texte der modernen hebräischen Poesie, die Stadt als Trost eines »alten Volkes im Norden« bezeichnet. In dieser Zeit wird der symbolische Name »Jerusalem des Nordens« immer häufiger verwendet. Das lässt an die Analogie mit einer anderen ähnlichen symbolischen Bezeichnung der Stadt denken: »Athen des Nordens«. Diesen Namen bekam Vilnius einst von dem französischen Poeten und Mystiker Oscar Milosz, der ihm eine besondere kulturelle Mission prophezeite. Diese Anthologie trägt den Namen »Jerusalem des Nordens« als Schlüssel, der die Beziehungen der zeitgenössischen litauischen Poesie mit der jüdischen Kultur offenlegt.

Die Anfänge dieser Beziehungen sind auf interessante Weise mit dem bedeutendsten Symbol des Jerusalems des Nordens – der Großen Synagoge von Vilnius – nach dem Zweiten Weltkrieg verknüpft. Bekanntlich wurde das wichtigste Heiligtum der litauischen Juden in den Jahren 1956–1958 zerstört. Geplündert und geschändet während des Holocaust, mit eingeschlagenen Fenstern und ohne Dach stand es ein Jahrzehnt nach dem Krieg noch immer als mächtiges Denkmal im Zentrum des ehemaligen Großen Ghettos da, das an die Tragödie der Gemeinschaft der Litwaken erinnerte. Es wäre noch immer möglich gewesen, dieses Meisterwerk der Barockarchitektur des 18. Jahrhunderts zu erhalten. Doch nach einigem Zögern beschloss die Sowjetmacht schließlich, die Große Synagoge und das gesamte sie umgebende Ensemble historischer Gebäude, auch das Gebetshaus des Gaons von Vilnius, dem Erdboden gleichzumachen. Allerdings waren die Mauern des Heiligtums so stark, dass ihm nicht mit der üblichen Abrisstechnik beizukommen war – sowjetische Soldaten mussten sie sprengen. Es heißt, dass die benachbarte Vokiečių gatvė (Deutsche Straße) während der Sprengung für einige Zeit in einer weißen Staubwolke versank, die die Große Synagoge langsam in den barocken Himmel von Vilnius aufsteigen ließ. Ihr Hof – der sogenannte Shulhoif – war nach einigen Jahren von neuen vierstöckigen Wohnblöcken im Sowjetstil umgeben, und genau im Zentrum, über den verschütteten Fundamenten der Synagoge, wurde ein einfacher Kindergarten errichtet.

Ein eigenartiges Paradox war, dass sich diesen neuen Häusern, die den Hof der ehemaligen Synagoge umgaben, in den 1960er und 1970er Jahren etliche litauische Poeten ansiedelten. Aus irgendeinem Grund wurden ihnen von der Sowjetmacht genau dort ihre Wohnungen zugewiesen. Zu den neuen Bewohnern des Shulhoifs gehörte zum Beispiel der legendäre litauische Lyriker Paulius Širvys. Dort zogen die noch jungen Avantgarsisten Judita Vaiciūnaitė und Marcelijus Martinaitis ein, die Gedichte von ergreifender Schönheit über die Geschichte der litauischen Juden und die Erinnerung an den Holocaust schufen, welche zu Klassikern geworden sind. Vielleicht waren sie auch vom Ort beeinflusst, an dem sie wohnten. Einer der neuen Bewohner stach besonders hervor, denn ihn verband mit diesem Raum eine persönliche Erfahrung aus der Zeit des Holocaust: der Poet Kazys Boruta, der während des Krieges in seinem eigenen Haus Juden aus dem Ghetto von Vilnius versteckt hielt und in seiner Tasche Handschriften jüdischer Literatur von unschätzbarem Wert in Verstecke trug (zum Beispiel Briefe des Klassikers Jizchok Leib Perez), die ihm sein enger Freund, der Poet Abraham Sutzkever, übergeben hatte, der in der sogenannten »Papierbrigade« des Ghettos von Vilnius tätig war – einer Untergrundgruppe, die jüdische Kulturschätze vor den Nazis rettete. Kazys Boruta, ein Rebell von Natur aus, Antifaschist und Judenretter, der gegen den Zwang aller Regime kämpfte, wurde auch von der Sowjetmacht verfolgt – nach dem Krieg war er einige Jahre in Haft, und sein Werk wurde nicht veröffentlicht. Doch schließlich ließ ihn das Regime, nachdem es die

Gesundheit des Poeten in Gefängnissen zerstört hatte, vor seinem Tod freier atmen. Im Herbst 1963 fuhr Kazys Boruta aus dem Krankenhaus in die neue Wohnung, die ihm in dem Haus zugewiesen worden war, das gegenüber der ehemaligen Großen Synagoge gebaut worden war. Im Hof des Hauses waren noch immer die letzten Überreste ihrer Mauern zu sehen. Kazys Boruta wusste genau, von welchen Ereignissen sie zeugten. In der ersten Nacht in seiner neuen Wohnung konnte er keinen Schlaf finden. Ihm schien, die Decke der Wohnung erinnere an einen Sargdeckel, und durch die Fenster drängen Gespenster aus den Ruinen der alten Synagoge ein. So schreibt Boruta in seinem Gedicht »Susimąstymas apie amžinastį« (Reflexionen über die Ewigkeit) von 1963 – das ist wohl der erste Text der litauischen Lyrik darüber, was es für einen zeitgenössischen Poeten bedeutet, im Jerusalem des Nordens nach der Katastrophe, die ihm widerfahren war, zu leben und zu schreiben.

In Borutas Gedicht überkommt den von Schlaflosigkeit gequälten Dichter die Vision, dass die Große Synagoge wieder im Hof seines Hauses steht. Auf dem blauen Balkon der Synagoge sitzt der Gaon von Vilnius. Der Poet versucht, den Gaon anzusprechen, in der Hoffnung, von ihm eine Antwort auf die ihn schon lange beschäftigende Frage über persönliche und kollektive Schuld zu erhalten:

*Da unterhielten wir beide uns
über die Philosophie des Maimonides,
dass der Mensch nicht für seine eigene Schuld,
sondern für das ganze Volk
und seine Geschichte leidet.
Ich selbst habe mehr als einmal so gedacht,
ich wollte es nur nicht glauben.
»Sei so gut, Rabbi Gaon,
du bist doch der Turm der Weisheit,
sag mir:
Kann denn das die Wahrheit sein?«
Der Gaon, in Gedanken versunken, gab mir keine Antwort,
über das dicke Buch des Talmuds gebeugt
senkte er nur traurig den Kopf
und wandte sich seiner Ewigkeit zu.*

Im ersten Gespräch des litauischen Poeten bleibt diese Frage denn auch ein metaphysisches Rätsel. Doch eine indirekte Antwort erscheint am Ende des Gedichts, in dem Kinder auftauchen, die im Hof der Großen Synagoge spielen. Borutas Werk mündet in die Hoffnung: *Vielleicht sind sie die Ewigkeit, / und durch sie wird die Altstadt wiedergeboren werden.*

Nach mehr als einem halben Jahrhundert und über mehrere Autorengenerationen hinweg wird das Gespräch mit dem Gaon von Vilnius fortgesetzt. In der litauischen Lyrik ist dieses Gespräch schon längst zu einem

Polylog geworden, in dem immer mehr neue Stimmen sowie immer differenziertere Fragen, Ansichten und Erfahrungen zu vernehmen sind. Tatsächlich kehren bestimmte Fragen in diesem Gespräch kreisförmig wieder. Im Gedicht »Gespräch mit dem Gaon von Vilnius« von Giedrė Kazlauskaitė, mit dem diese Anthologie beginnt, stellt die Lyrikerin von heute eine Frage über das Schicksal von Poesie und Sprache in einer vom Technologie-Fieber geprägten und auf die ökologische Katastrophe zusteuernden Welt. Die Arbeit in der Redaktion, die in einer Gasse des ehemaligen Ghettos von Vilnius untergebracht ist, setzt sich im Gedicht mit der Vergangenheit dieses Ortes selbst auseinander.

Das Gefühl, dass die Poesie in ein Ghetto der zeitgenössischen Konsumkultur geraten ist, trifft auf die Gefühle derjenigen, die im selben Raum mit der Verachtung der christlichen Gesellschaft zu kämpfen hatten. Das gegen Ende der Anthologie stehende Gedicht »Das Versteck« ihrer Herausgeberin Indrė Valantinaitė bezeugt eine Situation, die von selbst an die Erfahrung von Kazys Boruta erinnert: der Einzug in einen Innenhof der Altstadt von Vilnius, in dem sich das Drama des Holocaust abgespielt hat, und gleichzeitig das Leben von Juden geschützt wurde. In einem solchen Raum gerät man gewissermaßen auf eine ewig bestehende Waage, mit der das Gewicht der Hoffnung und der Angst in der Veranlagung eines jeden Menschen gewogen wird. Gleichzeitig findet sich in beiden Gedichten die Suche nach Harmonie. Es wird ein Gleichgewicht angestrebt zwischen der schmerzlichen historischen Erinnerung und dem Schaffen für eine gegenwärtige Realität, der Transformation ihrer Leidenschaften und Ängste.

Im Jahr 1999 erschien in Litauen die herausragende Lyrikanthologie Mirtis, rečetatyvas ir mėlynas drugelis. Lietuvių poetai apie Holokaustą (Tod, Rezitativ und ein blauer Schmetterling. Litauische Lyriker über den Holocaust). Der Herausgeber dieser Anthologie, der berühmte Poet Sigitas Geda, versammelte darin die besten Gedichte der zweiten Hälfte des 20. Jahrhunderts, in denen nach dem Krieg die tragische Erinnerung an den Holocaust offengelegt wurde, das nackte Gewissen der Person und des litauischen Volkes, in denen die menschliche Gemeinsamkeit zwischen Juden und Litauern aufleuchtet und die Bedeutung ihrer kulturellen Beziehungen, die die Zerstörung überwunden haben. Zu den wichtigsten Texten dieser Anthologie gehören der Zyklus »Jurekas« (1962) des Poeten der litauischen Emigration Algimantas Mackus, die Gedichte »Medalionas« (Das Medaillon) (1963) und »Getas« (Das Ghetto) (1993) von Judita Vaičiūnaitė, »Vilnius 1943« (1966) von Alfonsas Nyka-Niliūnas, »Jurbarko vieškelis« (Die Landstraße von Jurbarkas) (1982) sowie viele andere Gedichte zur Holocaust-Thematik, die bereits zu Klassikern der litauischen Literatur geworden sind.

Die zwei Jahrzehnte später erschienene Anthologie »Aus dem Jerusalem des Nordens«, herausgegeben von Indrė Valantinaitė, unterscheidet sich davon in verschiedenen Aspekten. Ein Großteil ihrer Autorinnen und Autoren gehört schon zur litauischen Lyrik des 21. Jahrhunderts, darunter so berühmte Namen wie Tomas Venclova, Donaldas Kajokas, Antanas A. Jonynas, Kornelijus Platelis und Kęstutis Navakas. Außerdem finden sich in dieser Anthologie viele Gedichte der jüngsten Generation. Einige Autoren und Texte stellen eine Verbindung zwischen beiden Anthologien dar, doch das Wichtigste ist, dass diese Anthologie dreisprachig ist – -Grund dafür ist die Suche nach einem interkulturellen Dialog, der die Bedeutung der Übersetzung als eine Erweiterung dieses Dialogs begreift.

Von herausragender Bedeutung sind die in dieser Anthologie publizierten Übersetzungen litauischer Poesie in die hebräische Sprache – sind sie doch bis jetzt noch sehr selten. Ins Auge fallen auch die semantischen Unterschiede beider Anthologien. Die 1999 erschienene Anthologie legte den Akzent auf die Brüche der Zeit und das Drama der Werte in der Geschichte, und ihr Leitmotiv war, wie ihr Herausgeber Sigitas Geda erklärte, ein musikalisches – das Rezitativ, der Klang der Psalmen und der Herzschlag. Für die Konzeption und die Texte der Anthologie »Aus dem Jerusalem des Nordens« ist der Ort von größerer Wichtigkeit. Das ist die konkrete

Topographie der Stadt, die Architektur, die Interieur und die Landschaften – anders gesagt, die Territorien der Erinnerung und die sich darin verstärkende Empathie und Selbstreflexion. Auch wenn sich die poetische Mentalität verändert, so erklingen in den gegenwärtigen litauischen Gedichten noch immer dieselben wesentlichen Fragen, die die Schüler im Hof der Großen Synagoge einst dem Gaon von Vilnius stellten.

Meiner Meinung nach ist das Wichtigste, was diese Anthologie bezeugt: Viele zeitgenössische litauische Lyrikerinnen und Lyriker könnten an ihre Stadt solche Worte einer treuen Erinnerung richten, wie sie Jerusalem in einem berühmten biblischen Psalm gewidmet sind: »Jerusalem des Nordens, wenn ich dich vergäße…«

Mindaugas Kvietkauskas

Nachwort der Herausgeberin

Die Idee, Gedichte von Kolleginnen und Kollegen zum Thema Judentum in einem Sammelband zu vereinen, ergab sich wie von selbst. Vor einigen Jahren zog ich an einen in jeder Hinsicht außergewöhnlichen Ort in Vilnius – in der Šv. Ignoto gatvė (Ignatiusgasse). Am 2. September 2020 waren es zwanzig Jahre, dass am Eingang in mein Stiegenhaus eine Tafel mit den Namen von drei Gerechten unter den Völkern angebracht worden war. Marija Mikulska, Juozas Stakauskas und Vladas Žemaitis hatten unter Lebensgefahr zwölf Menschenleben auf äußerst geschickte und kreative Weise gerettet. Jeden Tag, wenn ich an der Tafel vorbeiging, verspürte ich Achtung, Bewunderung und Inspiration. So entstand das Gedicht ›Das Versteck‹.

Als ich es schrieb, wusste ich noch nicht, dass sich das tatsächliche Versteck direkt bei meinen Fenstern befand, die auf den Hof der Katharinenkirche hinausgehen. Erst nach einem guten Jahr, als ich mich mit den jetzt an diesem Ort lebenden Schwestern der Gerechten der Völker anfreundete, erfuhr ich, wie einfallsreich das zehn Monate lang ab September 1943 in einem mit Büchern vollgestellten kleinen Zimmer vor sich ging. Einer der Geretteten – der Maler Samuel Bak – hat diese Etappe seiner Kindheit im Buch *In Worte gemalt. Bildnis einer verlorenen Zeit. Mit einem Vorwort von Amos Oz*. Ins Deutsche *übertragen von Andreas Nohl. (Beltz Verlag, Weinheim und Basel 2007, S. 274-275) beschrieben:*

»Nachdem man uns als Teil der Gruppe akzeptiert hatte, erhielten wir unsere ›Initiation‹, in Form der seltsamen Leinenschlappen. Sie waren aus alten Bucheinbänden hergestellt, und alle trugen sie, um auch das geringste Geräusch zu vermeiden. Sprechen war streng verboten. Niesen oder husten durfte man nur an einem bestimmten Ort und auf eine Art, die wir erst lernen mussten. Vollkommene Stille war überlebenswichtig. Gewiss schluckten die dicken Mauern des mittelalterlichen Gebäudes eine Menge, aber man konnte nie. wissen Über unserem Raum war das Hauptquartier, in dem sich jede Menge Deutsche tummelten.

Der große ehemalige Schlafsaal, der uns beherbergte, hatte ein Deckengewölbe, dessen ungleichmäßiger und bröckelnder Putz mit weißem Kalkanstrich überzogen war. Die beiden Fenster waren bis zum letzten Winkel mit dickleibigen Büchern zugestapelt, verstärkt durch zwei schwere Kleiderschränke. Diese waren wiederum mit weiteren Bänden gefüllt, um uns vor Querschlägern und Granatsplittern zu schützen. Ansonsten bestand unser Mobiliar ebenfalls nur aus einer Unzahl von Büchern und gebundenen Dokumenten, die im Überfluss vorhanden waren. Die Betten waren aus Büchern hergestellt, ebenso wie der Tisch und die Stühle. Es war ein verrücktes Märchenland aus Papier, in dem unsere erweiterte ›Familie‹ lebte.«

Jedes Mal, wenn ich aus dem Fenster schaue, begreife ich mit großer Dankbarkeit, dass genau an diesem Ort, der wirklich von Barmherzigkeit umgeben ist, das Leben und die Würde gewonnen haben und die Angst überwunden worden ist. Als ich über diese Zeit nachzudenken begann, kam mir ein Gedicht nach dem anderen von Kolleginnen und Kollegen in den Sinn, das auf die eine oder andere Weise mit der Thematik der Litwaken verbunden ist. Mir wurde klar, dass ein Großteil der zeitgenössischen litauischen Lyrikerinnen und Lyriker Gedichte über die jüdische Geschichte und Kultur verfasst hat. So spiegeln also die in diesem Band enthaltenen Werke wieder, wie wir heute dieses durchdringende Zusammenspiel noch immer bitterer Gefühle empfinden.

Im Jahr 2020 war der 300. Geburtstag des Gaons von Vilnius, und so wurde es zum Jahr der Geschichte der litauischen Juden deklariert; es hätte wohl kaum einen passenderen Anlass für das Erscheinen dieser Anthologie geben können. Ich bedanke mich herzlich bei Rūta Elijošaitytė-Kaikarė, die sofort an meine Idee geglaubt hat und bereit war, sie unter ihre Fittiche zu nehmen und die Anthologie in das Festival »Poesieherbst von Druskininkai« zu integrieren.

Die Poesie ist eine der schönsten Weisen, um die Wahrheit sowohl über den Schmerz als auch über die Hoffnung auszusprechen. Als ich die Texte für dieses Buch bereits gesammelt hatte und in eine Reihenfolge gebracht hatte, wurde mir klar, dass es mein sehnlichster Wunsch ist, dass dieses Buch um die Welt reise als ein aus Worten erbautes Denkmal, das jedes Mal im Herzen des Lesers wiedergeboren wird. Das ist wie unser festes »Wir erinnern uns«. Und wenn wir uns daran erinnern und es weh tut, wenn wir nur daran denken, dann werden wir alles tun, um das niemals mehr erleben zu müssen.

Die Liebe und das Leben tragen immer dort den Sieg davon, wo Meschen sich mutig der Wahrheit öffnen. Ich bin fest überzeugt, dass diese Anthologie zu einem Wegweiser wird, der die Richtung zum künftigen Jerusalem weist, in dem »niemals mehr Weinen und Klagen zu hören sein wird« (Jes. 65,19). Für mich ist dieses Buch ein Buch der Hoffnung.

Indrė Valantinaitė

*Kurzbiografien der
Autorinnen und Autoren*

Deutsche Übersetzungen der Gedichte der meisten Autorinnen und Autoren finden sich auf der Internetplattform www.lyrikline.org

Lina Buividavičiūtė

(geboren 1986 im Dorf Puodžiai) hat einen Bachelor-Abschluss der Universität Kaunas in litauischer Philologie und Werbung, einen Master in Litauischer Literatur und einen Doktortitel erworben. Sie arbeitet als Dozentin an der Universität Vilnius, ist freiberufliche Texterin und veröffentlichte seit 2017 drei Gedichtbände. Ihre Werke wurden in mehrere Sprachen übersetzt.
Deutsche Übersetzungen finden sich in der Anthologie *Das Teufelsdutzend. Moderne Lyrik aus Litauen* (KLAK Verlag 2022).

Marius Burokas

(geb. 1977 in Vilnius) ist Lyriker und Übersetzer. 2016–2023 war er Chefredakteur der Online-Zeitschrift für litauische Literatur in englischer Sprache *Vilnius Review*. Seine vier Gedichtbände fanden breite Aufmerksamkeit. Er übersetzt auch Lyrik und Prosa aus dem Englischen, Ukrainischen und Weißrussischen. Er ist Chefredakteur der Anthologie *Wie die Erde uns trägt – Neue litauische Dichter* (herausgegeben vom Litauischen Kulturinstitut). Auswahlbände seiner Gedichte erschienen auf Englisch, Ukrainisch und Polnisch, seine Poesie wurde in zahlreiche Sprachen übersetzt.

Ilzė Butkutė

(geb. 1984 in Vilnius) schreibt seit ihrer frühen Kindheit Gedichte. Ihr erstes Buch erschien 2011 und gewann mehrere Preise; weitere Gedichtbände erschienen 2014 und 2018. 2015 wurde sie in den englischsprachigen Almanach zeitgenössischer litauischer Autoren *How The Earth Carries Us* aufgenommen und reiste mit Kollegen durch die USA, um ihn vorzustellen. 2016 veröffentlichte *A Midsummer Night's Press* eine Übersetzung ihrer Gedichte (*Caravan Lullabies*). Sie organisiert außerdem kreative Schreib- und Kommunikationsworkshops für Schüler und Erwachsene und schreibt über die Themen Staatsbürgerschaft und Menschenrechte. Ihr Sachbuch *Feuern Sie Ihren Chef* ist zu einem Handbuch für Mobbingopfer geworden.

Vaiva Grainytė

(geb. 1984 in Kaunas) ist Schriftstellerin, Bühnenautorin, Essayistin und Dichterin und arbeitet an verschiedenen interdisziplinären Theaterprojekten. Sie hat das Libretto zur Oper *Have a Good Day* (2013) geschrieben, die sechs internationale Auszeichnungen erhielt und in zehn Sprachen übersetzt wurde. Außerdem ist sie Co-Autorin der Opern-Performance *Sun & Sea* (Marina) (2019), die Litauen bei der 58. Biennale in Venedig präsentierte und mit dem Goldenen Löwen ausgezeichnet wurde. 2022 veröffentlichte sie den zweisprachigen (litauisch und englisch) Collage-Roman *Roses and Potatoes*. Ihr Werk wurde in mehr als zehn Sprachen übersetzt.

Deutsche Übersetzungen finden sich in der Anthologie *Das Teufelsdutzend. Moderne Lyrik aus Litauen* (KLAK Verlag 2022) und in der Literaturzeitschrift *Die Horen* (Heft 1/2022).

Jurgita Jasponytė

(geb. 1981 in Zarasai) schloss ihr Studium an der Pädagogischen Universität Vilnius mit einem BA in Litauischer Philologie und einem MA in Literatur ab und arbeitet als Bibliothekarin. Ihre drei Gedichtbände wurden mehrfach ausgezeichnet. Auf Deutsch erschienen Gedichte in der Zeitschrift *Sinn und Form* (Heft 4/2024).

Antanas A. Jonynas

(geb. 1953 in Vilnius) ist Dichter und Übersetzer. Er studierte litauische Sprache und Literatur an der Universität Vilnius. 2011–2018 war er Präsident des Litauischen Schriftstellerverbands. Seit 1977 veröffentlichte er zahlreiche Gedichtbände, die breite Resonanz fanden. Jonynas ist Träger des Preises des Poesie-Frühlings (2002), des litauischen Staatspreises für Kultur und Kunst (2003) und des Preises der Baltischen Versammlung für Literatur (2023). Er hat Literatur aus dem Deutschen, Lettischen, Russischen, Weißrussischen, Ukrainischen und Kroatischen übersetzt. Seine eigenen Werke wurden zahlreiche Sprachen übertragen. Auf Deutsch erschienen der Gedichtband *Mohnasche* (Athena Verlag 2002).

Donaldas Kajokas

(geboren 1953 in Prienai) studierte am Institut für Leibeserziehung in Kaunas, arbeitete anschließend dort als Trainer an der Kindersportschule und war kurz als Ausbilder in einem Touristenclub und als Sanitäter tätig. 1977–1980 arbeitete er im Literaturmuseum, 1981–1989 war er Chemielaborant am Kaunas Radio Measurement Technique Research Institute. 1989–2012 arbeitete er als Redakteur der Zeitschrift *Nemunas* (Die Memel). Seine zahlreichen Werke (Gedichtbände, Essays und Romane) wurden mit wichtigen Preisen ausgezeichnet und in über 20 Sprachen übersetzt.

Laurynas Katkus

(geb. 1972 in Vilnius) studierte litauische Philologie in Vilnius sowie Komparatistik in Leipzig und Berlin und promovierte über Exil in der modernen Lyrik. Seit 2021 ist er künstlerischer Leiter des internationalen Literaturfestivals ›Kaunas Literature Week‹. Bisher erschienen mehrere Gedichtbände, ein Roman, Essaysammlungen sowie Übersetzungen u. a. von Werken von Gottfried Benn, E.E. Cummings, Peter Handke und Susan Sontag ins Litauische. Seine Texte wurden ins Englische, Slowenische, Polnische und Lettische übertragen.

Auf Deutsch erschienen die Gedichtbände *Tauchstunden* (Edition Erata 2003) und *Alle Richtungen* (Edition Thanhäuser 2009), die Essaysammlungen *Kabuff* (Merz & Solitude 2011) und *Moskauer Pelmeni* (Leipziger Literaturverlag 2017), der Roman *Schwankende Schatten* (KLAK Verlag 2012) sowie Gedichte in der Zeitschrift *Sinn und Form* (Heft 3/2022).

Das Gedicht *Vietinė painiava* wurde durch die unerwartete Entdeckung eines jüdischen Ladenschildes über der Tür seines Hauws in Vilnius angeregt.

Giedrė Kazlauskaitė

(geb. 1980 in Kėdainiai) ist Lyrikerin, Prosaistin, Essayistin, Literaturkritikerin und Chefredakteurin der Literaturzeitschrift *Šiaurės Atėnai* (Athen des Nordens). Sie erwarb einen Abschluss in Litauischer Philologie an der Universität Vilnius. Ihre Lyrik wurde u. a. ins Englische, Französische und Polnische übersetzt.

Mindaugas Kvietkauskas

(geboren 1976) ist Literaturwissenschaftler, Dichter, Essayist und Übersetzer. 2019–2020 war er litauischer Kulturminister; seit 2023 ist er Dekan der Philologischen Fakultät der Universität Vilnius. Er ist Preisträger des Litauischen Schriftstellerverbands für den Essayband *Uosto fuga* (Hafenfuge). Als Übersetzer aus dem Polnischen und Jiddischen arbeitet er u.a. mit Schwerpunkt auf dem Werk von Czesław Miłosz, Moyshe Kulbak und Abraham Sutzkever.

Aidas Marčėnas

(geboren 1960 in Kaunas) lebt als Lyriker und Kritiker in Vilnius. Er studierte am dortigen Konservatorium und arbeitete in seiner Jugend verschiedenen Berufen, vom Beleuchter am Akademischen Opern- und Balletttheater bis hin zum Begleiter auf Güterzügen, die Kühe nach Asien transportierten. Seit 1988 veröffentlichte er zahlreiche Gedichtbände, die viel Aufmerksamkeit fanden und mehrfach ausgezeichnet wurden, u. a. mit dem Litauischen Nationalpreis. Er ist ein Virtuose der Form, der das Sonett in der litauischen Lyrik etabliert hat. Deutsche Übersetzungen finden sich in der Literaturzeitschrift *Lichtungen* (Heft 125/2011).

Kęstutis Navakas

(1964–2020) war einer der bekanntesten litauischen Dichter. Er wuchs in Kaunas auf, das in sein Werk einfloss, und war ein aktiver Teilnehmer am kulturellen Leben der Stadt. Er schrieb die Kulturpresse und eröffnete seine eigene Buchhandlung, welche eine der ersten privaten Einrichtungen war, die literarische Veranstaltungen organisierte. Er hat auch für das Fernsehen als Buchrezensent gearbeitet und zahlreiche Gedichte aus dem Deutschen und Englischen übersetzt. Sein eigenes Schreiben ist von einem spielerischen Umgang mit der Sprache geprägt. Er debütierte als Lyriker und hat fünf Gedichtbände veröffentlicht, später schrieb er auch Essays. »Ich bin ein Abenteurer«, sagte er in einem Interview und charakterisierte damit sowohl seine Persönlichkeit als auch sein Werk perfekt. Navakas wurde mit nahezu allen wichtigen Preisen ausgezeichnet, die ein Schriftsteller in Litauen bekommen kann.

Gytis Norvilas

(geboren 1976 in Jonava) ist Lyriker, Übersetzer und Essayist. Er studierte Theorie der Geschichte und Kulturgeschichte an der Universität. Er hat seit 2002 Gedichtbände veröffentlicht, die mehrfach ausgezeichnet wurden. Gytis Norvilas lebt in Vilnius und war 2014–2022 Chefredakteur der Kulturzeitschrift *Literatūra ir menas* (Literatur und Kunst). Seine Gedichte wurden in zahlreiche Sprachen übersetzt.

Violeta Palčinskaitė

(geb. 1943 in Kaunas) ist Lyrikerin, Dramatikerin, Drehbuchautorin, Übersetzerin sowie Autorin von über 30 Büchern. Ihren ersten Gedichtband veröffentlichte sie 1961 während ihres Studiums an der Universität Vilnius. Sie wurde mit dem Litauischen Nationalpreis und vielen anderen bedeutenden Auszeichnungen geehrt. Einen Großteil ihrer Werke widmet sie jungen Lesern. Mit ihren Gedichten und Theaterstücken sind bereits mehrere Generationen aufgewachsen.

Sigitas Parulskis

(geboren 1965 in Obeliai) studierte litauische Sprache und Literatur an der Universität Vilnius und ist Autor mehrerer Gedichtbände, Essaysammlungen sowie von sechs Romanen und einigen Theaterstücken. Er wurde mehrfach ausgezeichnet, u. a. mit dem Preis des litauischen Schriftstellerverbandes und dem Litauischen Nationalpreis für Kultur und Kunst. 2009 erhielt er das H. C.-Artmann-Stipendium der Stadt Salzburg. Seine Werke wurden in mehr als zehn Sprachen übersetzt. Auf Deutsch erschienen u. a. der Roman *Drei Sekunden Himmel* (Claassen Verlag 2009), Gedichte und ein Dramen-Auszug in der Literaturzeitschrift *Die Rampe* (Heft 2/2009).

Kornelijus Platelis

(geb. 1951 in Šiauliai) arbeitete 15 Jahre als Bauingenieur. Er hat zwölf seit 1980 Gedichtbände und zwei Essaysammlungen veröffentlicht. Er übersetzte Lyrik von Ezra Pound, T. S. Eliot, Seamus Heaney, Robert Bringhurst sowie die Geschichte der polnischen Literatur von Czesław Miłosz. Platelis ist Mitbegründer des jährlichen internationalen Literaturfestivals ›Fall of Druskininkai‹. Er war Präsident des litauischen PEN, Direktor des Verlags Vaga, Chefredakteur der Wochenzeitung *Literatūra ir menas* (Literatur und Kunst) und 1998–2000 Bildungs- und Wissenschaftsminister. Platelis wurde u. a. 2002 mit dem litauischen Nationalpreis für Kultur und Kunst ausgezeichnet. Seine Gedichte wurden in viele Sprachen übersetzt. Deutsche Übertragungen finden sich in der Literaturzeitschrift *Lichtungen* (Heft 125/2011).

Rolandas Rastauskas

(1954–2024) wurde in Šiauliai geboren und wuchs in Palanga auf. Er studierte Anglistik an der Universität Vilnius und absolvierte Praktika am National Theatre in London, am The Traverse in Edinburgh und am Stephen Joseph Theatre in Scarborough. 1979–1986 arbeitete er als Chefdramaturg am Opern- und Ballettheater. Er war als Redakteur sowie Dozent an den Universitäten Vilnius und Universität Klaipėda. Er ist Autor von fünf Gedichtbänden, fünf Essaybänden, von Prosa- und Dramenbänden und Drehbüchern und wurde mit dem Litauischen Nationalpreis und weiteren wichtigen Literaturpreisen ausgezeichnet.

Egidija Šeputytė

(geb. 1975) ist Autorin zweier Gedichtbände. Sie ist auch Mitautorin des Buches Namų psichologija (Psychologie der Häuser), Jungsche Psychotherapeutin und derzeit in einer privaten Psychotherapiepraxis in Kaunas tätig.

Rimas Uzgiris

(geb. 1969 in Niskayuna, NY, USA) ist ein litauischer und amerikanischer Lyriker und Übersetzer. Seine Werke sind u. a. in *Barrow Street, Huson Review* und *The Poetry Review* erschienen. Er ist Autor von *North of Paradise* und *Tarp* (Dazwischen – ins Litauische übersetzte Gedichte) sowie Übersetzer von acht Gedichtbänden aus dem Litauischen. Er promovierte in Philosophie und wurde mit einem Fulbright-Stipendium sowie einem NEA-Übersetzungsstipendium ausgezeichnet und lehrt an der Universität Vilnius.

Indrė Valantinaitė

(geb. 1984 in Kaunas) debütierte 2006 mit dem Gedichtband *Žuvim ir lelijom* (Für Fische und Lilien). Sie hat einen Abschluss in Kulturmanagement, war als Journalistin tätig und hat auch mehrere Musikwettbewerbe gewonnen sowie in Rockopern mitgewirkt. Sie hat vier preisgekrönte Gedichtbände geschrieben, ihre Gedichte wurden in mehr als 20 Sprachen übersetzt. Auf Deutsch erschienen ihre Übersetzungen in Band 15 der Reihe *Wo Lyrik zuhause ist* (Edition Aramo 2017).

Tomas Venclova

(geb. 1937 in Klaipėda) ist Litauens international bekanntester Dichter und Intellektueller. Er war Professor für slawische Literaturen an der Universität Yale und erhielt die Ehrendoktorwürde der Universität Lublin. Zusammen mit seinen engen Freunden, den Nobelpreisträgern Czesław Miłosz und Joseph Brodsky, gehört er zu einer Generation einflussreicher osteuropäischer Literaten, die der Erfahrung totalitärer Regime in klare poetische Formen gegossen haben. Er wurde mit dem litauischen Nationalpreis sowie mit internationalen Lyrikpreisen wie dem Petrarca-Preis und dem Zbigniew-Herbert-Literaturpreis ausgezeichnet.

Venclova hat u. a. Werke von T. S. Eliot, W. H. Auden, Charles Baudelaire, Saint-John Perse, Boris Pasternak, Anna Achmatowa, Joseph Brodsky, Czesław Miłosz, Wisława Szymborska ins Litauische übertragen. Seine Gedichtbände liegen auf Englisch, Italienisch, Schwedisch, Russisch, Polnisch, Ungarisch und Chinesisch vor. Auf Deutsch sind u. a. der Essay *Vilnius. Eine Stadt in Europa* (edition suhrkamp 2006), der Gesprächsband *Der magnetische Norden* (Suhrkamp 2017) sowie die Gedichtbände *Gespräch im Winter* (Suhrkamp 2007) und *Variation über das Thema Erwachen* (Hanser 2022) erschienen.

Agnė Žagrakalytė

(geboren 1979 in Pasvalys) studierte litauische Literatur an der Pädagogischen Universität Vilnius und lebt als Autorin von vier Gedichtbänden und drei Prosawerken in Brüssel. Für ihre Gedichte wurde sie mehrfach ausgezeichnet.

Inhalt

Giedrė Kazlauskaitė
Gespräch mit dem Gaon von Vilnius — 11

Sigitas Parulskis
Sonntag in der Markthalle — 19

Vaiva Grainytė
Wandel der Territorien — 22

Kęstutis Navakas
Der Schrei — 29

Sigitas Parulskis
Die Bibliothek — 32

Kornelijus Platelis
Die Mannschaft des Golems — 38

Rimas Uzgiris
Äpfel und Orangen — 44

Laurynas Katkus
Lokales Durcheinander — 50

Jurgita Jasponytė
Schabbes — 57

Agnė Žagrakalytė
Imberlach — 61

Lina Buivydaičiūtė
Menora — 64

Mindaugas Kvietkauskas
Rosch Haschana — 68

Rolandas Rastauskas
Miss Auschwitz — 75

Tomas Venclova
Ghetto   79

Ilzė Butkutė
Wiegenlied für die kleine Rachel.
Notiz des Vaters (1943)   82

Marius Burokas
Jüdischer Friedhof. Zarasai   88
Jüdischer Friedhof. Zarasai II   88
Žydų kapai. Zarasai II   90

Gytis Norvilas

Antanas A. Jonynas

Aidas Marčėnas
Nachhallende Synagogen   103

Donaldas Kajokas
Jüdische Melodie   107

Violeta Palčinskaitė
Chagalls Ziege   111

Indrė Valantinaitė
Das Versteck   114

Donaldas Kajokas
Du wirst das Lied nicht hinauswerfen aus den Worten   121

Egidija Šeputytė
Der Traum von Isaaks Mutter   125

Wenn ich dich je vergäße, Jerusalem des Nordens …   129

Nachwort der Herausgeberin   138

Kurzbiografien der Autorinnen und Autoren   142